선생님과 떠나는 하루 답사

조선 시대부터 일제 강점기까지

선생님과 떠나는 하루 답사 ❷ 조선 시대부터 일제 강점기까지

1판 1쇄 펴낸날 2024년 3월 15일 **1판 3쇄 펴낸날** 2025년 8월 15일

글 이채린·박서희·김진향·정명섭·손자영·이선화·이제명
책임편집 김성은 **디자인** 구민재page9
마케팅 강유은, 박유진 **제작·관리** 정수진 **인쇄·제본** (주)성신미디어
펴낸이 정종호 **펴낸곳** (주)청어람미디어
등록 1998년 12월 8일 제22-1469호 **주소** 03908 서울시 마포구 양화로 56, 1122호
전화 02-3143-4006~8 **팩스** 02-3143-4003 **이메일** chungaram_media@naver.com
인스타그램 www.instagram.com/chungaram_media

ISBN 979-11-5871-243-3 74910 | 979-11-5871-241-9 74910 set

잘못된 책은 구입하신 서점에서 바꾸어 드립니다. | 값은 뒤표지에 있습니다.

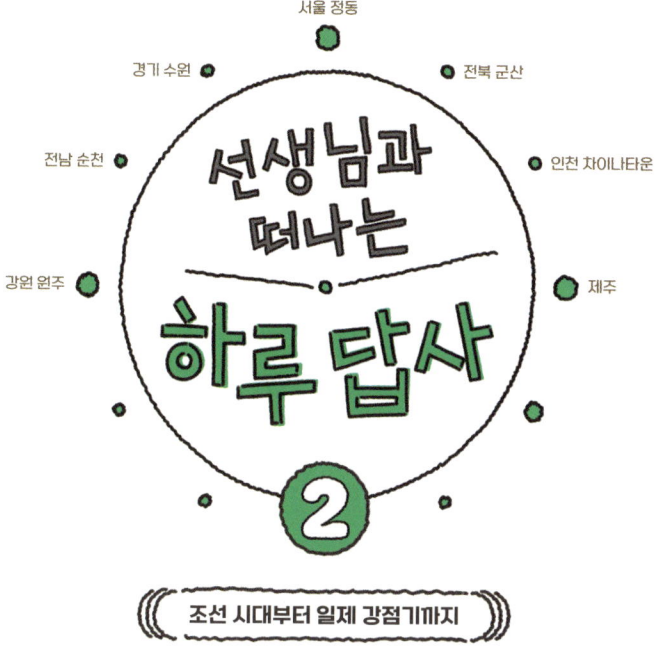

선생님과 떠나는 하루 답사 2

조선 시대부터 일제 강점기까지

- 서울 정동
- 경기 수원
- 전북 군산
- 전남 순천
- 인천 차이나타운
- 강원 원주
- 제주

글 이채린 · 박서희 · 김진향 · 정명섭 · 손자영 · 이선화 · 이제명

✹성어람미디어

머리말

저는 좋아하는 사람들과 여행하는 것을 인생의 가장 큰 행복 중 하나라고 생각합니다. 이 책을 쓰면서 그런 행복을 많이 느꼈는데요. 일 년이 넘는 시간 동안 이 책을 함께 쓴 선생님들과 제가 전국 팔도 구석구석을 돌아다녔습니다. 처음에는 제가, 그리고 나중에는 선생님들이 자신이 사는 고장을 소개해 주는 시간을 가졌어요. 참여하는 이들이 대부분 교사들이라 지역의 역사적인 장소들을 제자들에게 소개해 주고 싶어 했어요. 내 고장의 역사와 문화를 잘 이해하면 다른 고장의 역사와 문화도 이해하기가 수월해질 테니까요. 이 책을 읽는 여러분들도 좋아하는 사람들과 시간이 날 때마다 우리 나라 곳곳을 찾아가 보기를 바랍니다.

저는 답사 과정에서 각자 자신이 사는 고장에 대해서 너무나 잘 알고 있다는 점, 그것을 잘 전달하기 위해 열정적으로 준비하는 필자들의 모습을 보고 여러 번 놀랐어요. 책을 쓴 경험이 많지 않아 처음엔 조금 걱정했거든요. 하지만 다들 시간을 쪼개 준비했고, 현장에서 만나 의견을 나누며 서로가 서로에게 배워 나갔습니다. 아울러, 다른 고장을 돌아보면서 역사적 지식과 견문을 넓혔고, 여러 지역의 이야기들이 한데 모여 하나의 큰 줄기를 이루었습니다. 전문적인 작가가 아니니 자로 잰 것 같은 정확함과 세밀함은 떨어질지 모르지만 무량수전의 배흘림기둥처럼, 안동의 어느 고택에서 본 굽어진 대들보처럼, 부족하지만 진심 어린 이야기들이 담겨 있습니다. 마치 선생님이 옆에서 들려주듯 이 책을 읽을 제자들을 위해 가능한 상세하게 정보를 실었고, 교과서에 나오는 사건들도 함께 설명하고 있습니다. 1권은 삼국 시대부터 조선 시대까지, 2권은 조선 시대부터 일제 강점기까지의 이야기를 담았습니다.

쓰는 사람의 진심이 담겨 있어야만 이야기는 빛을 발하는 법입니다. 그 빛이 부족하지 않도록 참여한 선생님들과 저, 그리고 책을 낸 출판사 모두 힘을 모았습니다. 부디, 우리의 노력과 열정이 재미있게 읽혔으면 좋겠습니다.

2024년 봄
필자들을 대표해 정명섭 씀

추천의 말

    2022년 봄, 정명섭 작가와 함께 교사들을 대상으로 한 역사 문화 답사가 시작되었습니다. 첫날 오후 덕수궁 앞에는 20명 가량의 교사가 모였습니다. 정명섭 작가의 안내로 덕수궁, 서울시립미술관(전 서울가정법원), 중명전, 구 러시아공사관 터, 배재학당, 돈의문박물관 마을까지 돌아보는데 그동안 보이지 않았던 것이 눈에 들어오기 시작했습니다. 그날 이후, 이 답사를 계속 이어가자는 의견들이 모여 전국 답사로 확대되었습니다. 거기에 더해 우리끼리만 나누기 아까우니 단행본을 집필하는 계획도 세웠습니다. 나무의말 김성은 대표와 page9 구민재 실장의 수고가 더해져 선생님과 떠나는 답사에 탄력이 붙었습니다. 이 책을 쓴 선생님들은 제가 개인적으로 잘 알고 있고, 늘 응원하는 분들입니다. 답사를 이끌어 준 정명섭 작가는 한국에서 보기 드물게 역사 추리 소설, SF소설, 동화, 그림책, 정보책 등 다양한 장르를 넘나드는 작가이기도 합니다. 저는 《미스 손탁》(서해

문집) 등에 나온 주석, 연구 노트를 보면서 이 작가와 꼭 답사를 진행하고 싶다고 생각했습니다.

  사람은 저마다의 관점으로 세상을 바라봅니다. 교사는 주로 '이걸 어떻게 가르치면 좋을까?'라는 생각을 하며 사건을 바라봅니다. 이 책을 함께 쓴 선생님들은 덕수궁을, 정동을, 이순신 장군의 마지막 전투였던 노량해전의 현장을, 원주 근대 문화 거리를, 공산성을 바라보며 테마 학습 여행이나 현장 체험 학습을 이렇게 다녀오면 좋겠다고 생각하고 그때 읽으면 참 좋을 정보를 담고 있습니다.

  이 책은 교사만이 아닌 어떤 독자도 재미있게 읽을 수 있을 거예요. 책을 들고 책 속 현장을 찾으면 좋겠습니다.

  답사는 삶을 가꾸는 나들이입니다. 내 곁에 가까이 있는 역사 문화 유산부터 찾아 느끼고, 역사적 지식을 재구성해 보면 어떨까요? 이 책이 당신의 역사 나들이에 좋은 벗이 될 거라 믿습니다. 우리는 공간적으로 떨어져 있지만 정서적으로 연결되어 있습니다. 그래서 우리는 다르지만 또한 같습니다. 당신의 답사가 더 풍요로워지길 기원하며, 이 책을 자신 있게 추천합니다.

최고봉

초등 교사, 교사 책읽기 모임 '북수다' 대표

차례

2권 조선 시대부터 일제 강점기까지

강원 원주 … 10
섬강과 치악산이 지켜 주는 곳으로 떠나는 하루 답사
글 이채린

전남 순천 … 34
임진왜란 마지막 전투가 있던 곳으로 떠나는 하루 답사
글 박서희

경기 수원 … 64
정조가 구상한 신도시로 떠나는 하루 답사
글 김진향

서울 정동 ··· 94
대한제국의 역사가 남아 있는 곳으로 떠나는 하루 답사

글 정명섭

전북 군산 ··· 122
수탈의 아픈 역사를 간직한 곳으로 떠나는 하루 답사

글 손자영

인천 차이나타운 ··· 162
개항의 역사, 한국 속의 중국으로 떠나는 하루 답사

글 이선화

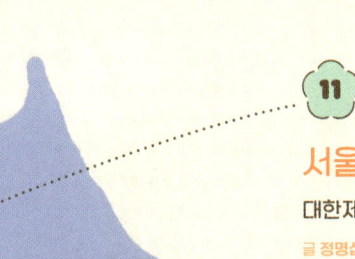

제주 ··· 196
우리나라에서 가장 크고 아름다운 섬으로 떠나는 하루 답사

글 이제명

8

이채린

강원 원주

섬강과 치악산이 지켜주는 곳으로 떠나는
하루 답사

강원 원주 하루 답사 경로

강원감영 ▶ 원주자유시장 ▶ 미로예술시장 ▶ 조선식산은행
▶ 반곡역 ▶ 박경리 토지문학공원

섬강은 어디인가, 치악이 여기로다

'강원도'의 '강'은 강릉에서 따온 말입니다. 그럼 '원'은 어디에서 따왔을까요? 바로 원주입니다. 예로부터 강원도의 중심지역이 강릉과 원주였거든요. 강원도는 태백산맥을 두고 강릉이 중심인 영동, 원주가 중심인 영서로 나뉘어요. 원주는 영서에서도 조금 남쪽에 자리 잡아서 충청북도의 제천과는 30분 정도 거리랍니다. 또 경기도나 서울과도 멀지 않아서 당시엔 교통의 중심지라 불렸지요. 그래서인지 1군 사령부, 미8군 부대, 1군수지원사령부처럼 나라를 지키는 큰 군 부대가 많기도 했어요. 2024년 현재에는 1군수지원사령부만 남아 있지요. 그리고, 강원도를 가리키는 말 중 '관동'이라는 말도 있어요.

강호에 병이 깊어 죽림에 누엇더니,

관동 팔백리에 방면을 맛디시니,

강원감영

어와 성은이야 가디록 망극하다.
연추문 드리다라 경회남문 바라보며,
하직고 믈너나니 옥절이 앞에 섰다.
평구역 말을 가라 흑수로 도라드니,
섬강은 어디메오, 티악이 여긔로다.

— 송강 정철 〈관동별곡〉 중.

　　조선 중기 문신인 송강 정철이 쓴 시조 〈관동별곡〉의 한 구절이에요. 1536년 서울에서 태어나, 27세에 장원급제해 벼슬길에 나선 정철은 45세가 되던 해(1578), 임금의 부름을 받아 강원도 관찰사가 됩니다. 조선 시대 강원도 관찰사가 머물던 집무 공간인 강원감영은 바로 치악산이 든든하게 지키는 원주에 있답니다. 〈관동별곡〉에 '섬강은 어디인가, 치악이 여기로다' 하는 구절이 보이지요? 원주를 흐르는 강이 섬강이고, 원주에 이름난 산이 바로 치악산입니다. 정철

강원감영의 정문, 포정루

이 서울에서 길을 떠나 원주로 오려면 섬강과 치악산을 볼 수밖에 없었겠지요.

'감영'은 지금으로 치면 도청이라고 할 수 있어요. 강원감영은 1395년 원주에 자리 잡은 뒤로 조선 왕조 500년 동안 터가 바뀌지 않았다고 해요. 강원도의 나랏일을 맡아서 하는 곳이었으니, 건물도 많았겠지요? 아쉽게도 그 많은 건물이 사라졌지만 다시 되살리는 작업을 통해서 옛 모습을 조금씩 찾고 있습니다. 감영이 있는 자리는 원주의 옛 중심지입니다. 2000년대까지는 가게도 많고 사람도 북적였는데 중심지가 옮겨 가면서 조금은 한적해진 모습이에요. 감영 안에서 바라보면 낮은 담벼락 너머로 차가 지나다니고, 옷 가게를 들락거리는 사람들을 볼 수 있어요.

서울에서 원주까지 어떻게 왔을까요

정철이 원주에 와서 강원감영으로 들어서는 모습을 함께 상상해 볼까요? 정철은 아마도 서울에서 원주까지 말이나 배를 타고 왔을 거예요. 섬강은 횡성과 원주, 문막을 지나 원주 부론면 즈음에서 남한강과 합쳐지는 강입니다. 두꺼비 섬(蟾)자를 쓰는 강으로 두꺼비를 닮은 바위가 있어서 이런 이름이 붙었다고 해요. 섬강이 호저면에서 작게 갈라져 나온 물줄기가 원주천입니다. 물이 늘 많지는 않아서 물이 불어났을 때만 뱃길을 이용할 수 있었대요. 원주천이 다다르는 곳이 '배말'인데, 현재 원주시 봉산동에 옛 이름인 '배말'을 딴 아파트가 있어요. '배에서 내리는 곳', '배가 끝나는 곳'이란 뜻이죠. 배를 타고 와 배말에서 내린 뒤 곧게 뻗은 길로 걸어오면 바로 강원감영의 정문 '포정루'에 다다릅니다. 지금은 새롭게 길이 나고, 건물이 들어서서 정철처럼 곧은 길로 들어오지는 못해요.

'포정루'의 '포'는 옷감이란 뜻입니다. 포정루로 들어서면 바로 중삼문이 나와요. 중삼문은 내삼문과 외삼문 중간에 세 칸으로 세운 대문을 이릅니다. 관찰사를 만나기 위해 들어서는 문이기에, 이곳에서 본인의 신분과 방문 목적을 밝혀야 해요. 중삼문에는 '관동관찰사영문'이라는 글씨가 적혀 있어요. 관찰사를 만나기 위해 들어가는 문이라 하여 이런 이름이 붙었지요. 문이 세 개인 까닭은 사람들이 자연스럽게 다니도록 하기 위해서래요. 오른쪽으로 들어가면 왼쪽 문으로 나와야 하고, 가운데 문은 관찰사가 드나들던 문이라고 해요. 중삼문을 지나면 마지막 문인 내삼문이 나타나요. 내삼문만 지나면 관찰사의 집무 공간인 선화당으로 갈 수 있지요. 강원감영의 내삼문에는 '정청문'이란 이름이 붙었어요. 방문자는 문을 들어서면서 맑고 깨끗한 정신으로 몸과 마음을 가다듬으라는 뜻을 담고 있어요. 내삼문으로 들어서던 관찰사 정철 또한 이 문을 지나며 자신

포정루에 숨은 뜻을 찾아라!

왜 관공서 이름에 옷감이라는 뜻의 포가 들어갔을까요?

옛날에는 옷감을 둘둘 말아 두었어요. 그 옷감이 좌르르 풀리듯이 나랏일을 매끄럽게 처리하라는 뜻에서 붙인 이름입니다. 매끄럽게 나랏일을 처리하는 것은, 어질고 정의로운 마음으로 백성을 돌보라는 뜻과 다르지 않을 거예요. 이름에서부터 백성들을 위해 공명정대하게 일을 하라는 뜻이 전해지지요?

의 마음을 깨끗하게 하리라 다짐했을 것 같아요.

선화당은 지금의 도지사 집무실이에요

드디어 '선화당'이 보여요. 관찰사가 업무를 보던 건물로, 지금의 도지사 집무실과 같은 거예요. '선화'는 '선양교화'의 줄임말이에요. '선양'은 왕이 훌륭하고 백성들을 사랑한다는 뜻이고, '교화'는 백성들을 잘 가르쳐야 한다는 뜻이에요. '선화당'은 임금의 덕을 드높여 말하고, 백성을 잘 다스리는 건물이라는 뜻이지요. 임진왜란 때 불에 탔지만, 1665년에 다시 지어서 조선 시대 모습 그대로를 간직했어요. 관찰사는 이곳에서 강원도를 다스리는 일인 세금을 거두고, 백성의 다툼을 해결하는 등의 일을 했어요. 안에 들어서면 하나의 건물이지만 들어가는 문은 모두 7칸이에요. 지금은 문을 다 열어 놓아서 이곳을 찾는 사람들이 편하게 쉬어 갈 수 있어요. 선화당에 다다른 정철은 바로 건물에 들어가서 한 바퀴 둘러봤을 거예요. 곧 밖으로

선화당

나와 다른 건물도 둘러봤겠지요. 선화당이란 한자는 원주에서 태어난 유명인이 썼어요. 누구일까요? 바로 원주에서 태어나고 자란 최규하 전 대통령의 글씨랍니다. 원주 봉산동에서 태어나 원주초등학교를 졸업했대요.

  선화당의 뒤편에 작은 건물이 있어요. '책방'이라는 이름이 붙었는데, 말 그대로 책을 보관하는 방이었어요. 강원도 각 지역에서 올라온 세금, 날씨 등에 대한 보고 자료, 재판에 관련한 문서 등을 두었다고 해요. 좁은 공간이지만 체험을 신청한 사람들은 책방에 들어가 볼 수 있대요. 미리 신청해서 조선 시대 책방에서의 특별한 체험을 해 보는 것도 좋겠죠?

　책방 옆을 지나 문을 들어서면 작은 연못과 누각이 보여요. '영주관'입니다. 신선이 산다는 세 개의 산 중 하나인 '영주산'에서 따 온 이름이에요. 연못 가운데 놓인 영주관에 드나들기 위한 다리와 뱃놀이를 즐기기 위한 아치 모양 다리가 어우러져 아름다운 풍경을 만들어요. 이곳은 강원감영을 복원하며 다시 살려 낸 곳이에요. 연못에는 여름이면 연꽃이 피어나고, 운이 좋으면 이곳에 터를 잡은 오리도 만날 수 있어요. 정말 운이 좋으면 귀여운 아기 오리가 어미 오리를 졸졸 쫓아다니거나, 연잎에서 물놀이를 하는 모습도 지켜볼 수

영주관

있지요. 영주관 오른쪽으로는 작은 정자가 보여요. '자라를 낚는 정자'라는 뜻의 '조오정'입니다. 이름에서도 도교의 영향을 짐작할 수 있어요. 바다에서 다섯 산을 떠받치던 자라들이 거인 용백에게 잡혀 죽었다는 신선 세계의 전설에서 따온 이름입니다.

조선은 유교를 바탕으로 세운 나라인데 도교라니 고개가 갸우뚱하지요? 고려 시대에 유행했던 도교를 시대가 바뀌었다고 무 뽑아내듯 모두 사라지게 할 수는 없었을 거예요. 사람들 사이에 퍼진 종교를 무슨 수로 바로 없애겠어요. 유교가 바탕이지만, 여전히 도교의 영향을 받을 수밖에 없지요. 도교는 중국의 노자(老子), 장자(莊子)의 책을 통해 자연스럽게 받아들여지기도 했어요.

연못에 여섯 개의 기둥을 세우고 지푸라기로 지붕을 얹은 '채약오'도 도교 사상에서 비롯했어요. 신선이 먹는 불로초를 캐는 언덕이라는 뜻으로, 봉래산, 영주산을 비롯한 삼신산에 영원히 살게 해 주는 불로초가 있다는 신선 세계의 전설을 따랐대요.

남장을 하고 금강산을 여행한 김금원을 만나요

후원을 걷다 보면 중학생 정도로 보이는 조선 시대 옷을 입고 갓을 쓴 동상을 만날 수 있어요. 짚으로 만든 모자를 쓰고 지팡이를 오른손에 든 남자아이의 모습이죠. 아이의 이름은 '김금원'인데, 원주 섬강 부근에 살던 여자아이랍니다. 금원은 어릴 때부터 바깥 세상에 대한 호기심이 많았대요. 하지만 조선 시대에는 여자가 자유롭게 여행을 다니기 어려웠어요. 금원은 여자이기 때문에 여행을 포기하진 않았어요. 열네 살에 남장을 하고 금강산 여행을 떠나죠. 금강산을 비롯해, 관동팔경, 한양 둘레를 둘러보고 쓴 시집이 《호동서락기》예요. 금원은 조선 후기를 대표하는 여성 시인이자 여행가로 성장해요. 신분과 성별이라는 한계를 뛰어넘어 자신의 뜻대로 세상을 둘러보고 온 어린 소녀 김금원의 이야기가 궁금하죠? 《조선의 여행가 김금원》(그림책도시)을 읽어 보면 더 자세한 이야기를 알 수 있어요.

김금원 동상

영주관에서 나오면 강원감영 사료관이 나와요. 조선 시대 감영의 모습, 관찰사의 역할과 임무, 강원도 관찰사를 지낸 사람들의 이름 등을 알 수 있어요. 강원도 관찰사는 모두 512명이었는데, 그중 잘 아는 이름도 보일 테니 여러분이 아는 이름이 있는지 잘 살펴보세요. 5~10월까지는 강원감영에서 하는 프로그램에도 함께 할 수 있어요. 인형극이나 전래놀이, 관찰사가 되어 사건을 풀어나가는 '선화당

원씨' 같은 공연과 문화 교육이 있답니다.

금강산도 식후경! 원주 자유시장, 미로예술시장으로 가 봐요!

강원감영 포정루로 나와 왼쪽으로 조금만 걸어가면 자유시장, 미로예술시장이 나와요. 감영을 둘러보느라 살짝 출출해진 배를 달랠 수 있는 곳이죠. 자유시장 지하 1층에는 떡볶이, 만두 골목이 있어요. 뜨끈한 만둣국을 먹을 수도 있지만, 간식으로는 떡볶이가 일등이죠. 자유시장 떡볶이는 학생뿐만 아니라 어른들도 추억의 맛을 그리워하며 자주 찾아요. 양도 아주 많아서 떡볶이 한 접시에 튀김을 넣어 먹으면 부른 배를 땅땅 두드리며 다음 장소로 이동할 수 있지요.

자유시장 건너편은 미로예술시장이에요. 길이 복잡할 때 쓰는 '미로' 맞아요. 1층에는 주로 가게와 음식점이 모인 전통 시장이고 2층은 카페, 공방, 문화 공간이 어우러진 곳입니다. 아무 계단으로나 올라가면 바로 미로예술시장을 만날 수 있어요. 그렇다고 무척 복잡한 곳은 아니니 겁먹지 말고 올라서세요. 양초 만들기, 캘리그라피, 가죽공예 같은 다양한 체험을 할 수 있어요. 미로예술시장의 마스코트는 고양이와 쥐래요. 예전에는 실제로 놓아서 기르는 고양이들이 많아서 마스코트가 되었다고 해요. 미로예술시장을 고양이의 눈으로 둘러보는 책 《시장 고양이 상냥이》(그림책도시)도 있어요.

일제 강점기의 흔적을 찾아서

원주 자유시장에서 중앙로 문화의 거리를 따라 걷다 보면 근대 건축물을 만날 수 있어요. 국가등록문화재 164호인 구 조선식산은행 원주 지점으로, 지금도 은행 건물로 쓰여요. 네모반듯한 건물에 세로로 긴 창문이 일제 강점기 근대 건축의 모습을 잘 보여 주지요. 조선식산은행은 1918년에 만들어진 은행이에요. 일제의 침략을 위해 설립된 전국적인 은행으로 원주 지점은 1934년에 생겼어요. 일제 강점기에 세워진 오래된 건물인데 그대로 쓰는 것을 이상하게 여기는 친구들도 있을 거예요. 부수지 않고 그대로 둔 까닭은 무엇일까

조선식산은행 원주 지점

요? 여러분 나름대로 이유를 분석해 보면 좋겠어요.

자유시장에서 가까운 곳에 지금은 쓰지 않는 원주역이 있어요. 원주역 왼쪽으로 하얀색 탑이 보일 거예요. '급수탑'으로 불리는 이 탑은 1942년 즈음 만들어졌고, 높이가 18m예요. 예전에 기차는 모두 증기 기관차였어요. 물을 끓일 때 나오는 뜨거운 증기로 기차를 움직였죠. 뜨거운 증기가 기관차의 모터를 움직이는 원리인데, 기차를 운행하다 보면 물이 다 떨어졌겠죠? 급수탑은 이때 물을 보충해 주는 역할을 했답니다. 그렇다면 왜 이렇게 높게 지었을까요? 땅 밑으로 연결된 급수관을 통해 증기 기관차가 멈춘 곳의 급수전으로 물을 보내는데, 높은 곳에 저장해 놓은 물의 압력을 이용했대요. 탑이 높으면 높을수록 물을 더 잘 내려보낼 수 있었겠죠?

증기 기관차에 꼭 필요했던 급수탑은 1950년대 디젤 기관차가 등장하면서 서서히 그 쓰임이 사라졌어요. 현재 전국에 남아 있는 급수탑은 원주를 비롯하여, 삼척시 도계읍, 논산시 연무역 등 몇 곳만 남아 있다고 해요.

급수탑

반곡역

원주역을 떠나 조금 더 가면 치악산 자락에 자리 잡은 반곡역이 나타나요. 반곡역도 더 이상 쓰이지 않는 역인데요. 일제 강점기에 광산·농산·임산 개발을 위해 중앙선에 지었대요. 1941년 영업을 시작했고, 책을 엎어 놓은 모양의 박공지붕*이 유난히 높아요. 근대기

---

* 건물의 모서리에 추녀가 없이 용마루까지 옆면 벽이 삼각형으로 된 지붕을 말해요.

에 수입된 서양 목조 건축 기술과 당시의 역사 건물 구조를 알 수 있어요. 한국 전쟁 때는 인민군이 장악하여 전투가 벌어지기도 하고, 근대 지방 역의 분위기를 잘 간직해서 여러 차례 영화와 드라마의 배경이 되기도 했어요. 역 앞에 오래된 벚나무가 있어 봄에 예쁜 사진 남기기 좋은 곳이에요.

치악산을 사랑한 작가, 박경리

원주시 토지길 1, 박경리 문학공원이 있어요. 주소가 남다르죠? 길 이름은 박경리 작가의 소설 《토지》에서 따왔어요. 박경리 작가가 1980년 서울에서 원주로 이사 와서 살던 옛집이 그대로 남아 있어요. 작가는 사위인 김지하 시인이 옥살이를 하게 되자, 딸의 시댁이 있는 원주로 이사를 왔다고 해요. 손주를 지극히 사랑하던 작가이기에, 딸과 손주를 돌보려고 아는 사람이 하나도 없는 원주로 선뜻 떠나올 수 있었겠지요. 집을 알아보는데 도움을 준 사람은 천주교 원주교구장이던 지학순 주교였대요. 1980년 작가가 터를 잡은 단구동은 논과 밭뿐이었지만, 지금은 택지 개발로 문학공원 둘레에 건물로 가득합니다.

문학공원은 '문학의 집', '옛집', '북카페', 《토지》에서 이름을 빌려온 산책로인 '평사리 마당', '용두레벌', '홍이동산'으로 이루어졌어

박경리 문학의 집

요. 문학공원에 들어서면 바로 보이는 곳이 '북카페'입니다. 1층은 공원 관리실, 느린 우체통 체험 공간이 있고, 2층은 박경리 작가의 작품과 그림책을 놓아 두어서 이야기를 나누거나, 책을 읽을 수 있어요. 북카페에서 나오면 오른쪽으로 보이는 건물이 '문학의 집'입니다. 2층에는 연표, 사진, 시를 시간의 흐름에 따라 전시해 놓았어요. 3층은 《토지》의 역사적, 공간적 이미지와 등장인물 관계도, 영상 자료를 두어 작품에 대해 더 깊은 이해를 할 수 있도록 돕지요.

 북카페 왼쪽으로 작가가 살던 옛집으로 들어가는 문이 보여요. 동글동글한 돌멩이가 깔린 길을 따라 걸어가면 넓은 마당이 나오고

오른쪽으로 2층 집이 나타나요. 마당에는 박경리 작가가 한복을 입고 앉아 있는 모습의 동상이 놓여 있고, 그 옆에는 고양이와 원고지가 놓여 있지요. 거실창 바로 밑에는 작은 연못이 있는데, 작가가 손자를 위해 돌맹이를 하나하나 깔아서 만든 수영장이라고 해요. 옛집 안에 놓인 가구, 물건은 모두 작가가 썼던 거래요. 거실에는 여러 사람이 둘러앉을 수 있는 소파와 탁자, 벽에는 사랑하는 딸과 손주들과 찍은 사진이 걸려 있어요. 텃밭과 가까운 손님방에는 지금도 고추를 말리고 있는데, 토지문학공원을 아끼는 분들이 텃밭에서 농사지은 고추를 해마다 말린대요. 손님방에는 박경리 작가의 친한 벗들이 오면 묵었다고 해요. 특히 《그 많던 싱아는 누가 다 먹었을까》, 《아주 오래된 농담》 등을 쓴 박완서 작가가 자주 오셨대요. 두 사람은 싱싱한 배추 속대를 나누어 먹으며 속 깊은 이야기를 나누었겠지요. 집으로 들어오는 길에 깔린 돌맹이는 작가가 직접 깔았다고 해요. 원주시에서 박경리문학공원으로 바꾸면서 새로 깔아서 원래 모양새는 아니래요. 글을 쓰느라 펜을 잡았던 손으로 돌을 깔고, 농사를 지었다니, 작가의 손은 고울 거라는 생각이 달라집니다. 거실에는 작가의 손을 본 뜬 모형이 있으니 직접 눈으로 보고 여러분 손도 살짝 갖다 대어 보세요.

손님방 장롱 위에는 'PKL'이란 영어 알파벳이 적힌 검은색 여행가방이 있어요. 작가가 쓰던 가방인데, 정작 여행을 자주 가진 않았대요. 밥을 주는 고양이가 열 마리나 되어 마음 편히 떠날 수 없기도 하지만, 여행은 '상상력에 방해가 된다.'는 말을 했다고 해요. 부엌으로 들어서면 오른쪽으로 그릇을 놓아 둔 그릇장이 보이고, 왼쪽에는 볕이 잘 드는 창문과 싱크대가 놓여 있는데, 모두 원래 모습 그대로래요. 앉은 자리에서 치악산과 백운산이 내다보이는 방에서는 글을 썼어요. 방석을 놓고 낮은 탁자에 앉아 오랜 시간 글을 쓴 작가의

옛집 전경

모습을 상상해 봐요. 어떤 날은 한 줄도 못 쓰기도 하고, 어떤 날은 손에 날개가 달린 듯이 신나게 글을 썼겠지요? 봄이면 창문 밖으로 피어난 산수유의 노란색에 위로를 받았대요. 지금도 마당에는 작가가 심은 나무들이 그대로 자라고 있어요. 대문으로 들어오는 길에 커다란 칠엽수는 작가가 손수 심은 나무인데, 나무 심은 값으로 이웃에게 그림을 선물했대요. 선물 받은 사람은 잘 몰랐지만, 그 그림은 바로 천경자 화가의 그림이었대요. 두 사람은 아주 친한 친구였고요. 나무 심은 삯으로 선뜻 이름난 화가의 그림을 선물로 내어 주는 모습에서 작가의 성품을 짐작해 볼 수 있겠지요?

 박경리 작가는 1956년 단편 〈흑흑백백〉으로 두 번째 추천을 받으며 문단에 나왔어요. 연습처럼 썼던 글은 많았지만, 원고를 출판사에 보내는 일은 드물었나 봐요. 첫 원고도 스스로 보낸 것이 아니라, 김동리 작가가 대신 글을 보냈대요. 이후 《김약국의 딸들》, 《시장과 전장》 등의 책을 출판했어요. 1969년에는 완성하는 데 25년이나 걸린 《토지》를 쓰기 시작했어요. 책 한 권에 400쪽이 넘는 분량으로, 실제로 쓴 원고는 원고지 30만 장 정도라고 해요. 고쳐쓰기를 통해 덜어 낸 완성본이 10만 장이라고 하니 정말 어마어마한 양이죠? 작가 나이 40대에 쓰기 시작해서 60대에 끝을 보았으니, 엄청난 시간과 노력을 들여 쓴 소설입니다. 《토지》는 조선 시대 끝 무렵으로부

가을의 치악산 구룡사

터 일제 강점기에 이르기까지, 하동 평사리에서 넓은 땅을 가졌던 최씨 가족들을 중심으로 이야기를 풀어내요. 양반에서 천민에 이르는 600여 명의 다양한 인물을 등장시켜, 지난 시대 우리 민족이 겪은 고난의 삶을 생생하게 펼쳐 내요.

　작가는 통영에서 태어났지만, 원주(原州)를 '근원이 되는 땅'이라 여기며 아끼셨다고 해요. 특히 원주를 아우르는 모습의 치악산을 사랑하셨어요.

치악산은 높이 1,288m의 산으로 원주시, 횡성군에 걸쳐 있어요. 서쪽은 섬강에 닿고, 동쪽은 영월 주천강에 닿는 이 산은 예전에는 적악산(赤岳山)이란 이름으로 불렸대요. 단풍이 들면 산 전체가 붉게 변한다 해서 붙여진 이름이래요. 치악산은 다양한 온대활엽수가 많은 산이라, 가을이면 알록달록한 낙엽이 물들어요. 치악산으로 이름이 바뀐 까닭은 잘 알려진 전설에서 비롯했어요. 꿩을 잡아먹으려던 구렁이를 나그네가 물리쳤는데, 구렁이의 부인이 나타나 나그네를 해치려는 순간, 꿩이 나타나 목숨을 건졌다는 전설이에요. 은혜 갚은 꿩 전설에 따라서 치악산으로 이름이 바뀌었어요.

치악산, 적악산, 둘 다 '악(岳)'이 들어가죠? 유달리 계곡이 깊고, 오르기에 험한 산에 '악'이 붙어요. 치악산 입구에서 구룡사, 세렴폭포까지는 쉬엄쉬엄 올라갈 수 있지만, 사다리병창길이 시작되면 경사가 가팔라서 굉장히 힘들어요. 정상인 비로봉에는 돌탑 3기가 있는데, 1962년에 봉산동에 살던 원주 시민이 쌓기 시작했다고 해요. 원주 어디에서나 치악산의 모습을 바라볼 수 있는데, 박경리 작가가 살던 옛집에서 시원한 전경을 볼 수 있어요. 험한 산이기는 하지만, 그만큼 여러 동식물을 품는 치악산이었기에 여러 사람들에게 사랑을 받았지요. 원주에서는 치악산이 안 보이는 곳이 드물어요. 여행을 하면서 종종 치악산을 살펴보는 거, 잊지 마세요.

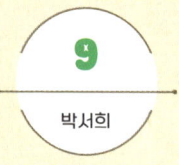

9
박서희

전남 순천

임진왜란 마지막 전투가 있던 곳으로 떠나는
하루 답사

> **전남 순천 하루 답사 경로**
> 순천왜성 ▶ 순천정유재란 역사공원 ▶ 선암사
> ▶ 순천 5일장인 웃장과 아랫장

이순신 장군 마을지킴이가 되다! 순천 충무사

여러분은 임진왜란 하면 무엇이 먼저 떠오르나요? 혹시 이순신 장군인가요? 임진왜란 당시 이순신 장군의 활약은 말로 표현하기 어려울 정도로 대단했죠. 장군의 업적을 기리기 위해 우리나라에는 이순신 장군을 모시는 사당이 여러 곳에 있어요.

그중 순천시 해룡면 신성리에 있는 '충무사'는 남다른 사연이 있어요. 임진왜란(1592~1598) 당시 일본군은 조명연합군의 공격을 방어하고 언제든 공격하기 위해 많은 왜성을 만들었는데, 특히 순천왜성은 임진왜란의 마지막 전투가 있던 곳으로 조선, 명나라, 일본 등 많은 사람들이 목숨을 잃은 장소예요. 그래서 전쟁이 끝난 뒤에도 순천왜성이 있는 신성리는 한참 동안 폐허로 남겨져 있었어요. 그로부터 100여 년이 지난 뒤에 사람들이 하나둘 들어가 살기 시작했는데 밤마다 일본군들의 악귀가 나타나 마을 사람들을 괴롭혔지요. 무서

순천 전경

움에 떨던 마을 사람들은 일본군이 가장 무서워했던 이순신 장군을 떠올리며 순천왜성에서 200m 남짓 떨어진 곳에 사당을 지어 이순신 장군의 위패와 영정을 모시고 제사를 지냈어요. 그 뒤로는 일본군들의 악귀가 나타나지 않아 편안한 생활을 하게 되었지요. 이후 일제 강점기에 일본군이 충무사에 불을 질러 소실됐지만, 해방 후 마을 사람들은 충무사를 다시 지었어요. 충무사에 들어가서 동광문을 지나면 영당과 제사를 지내는 제실이 있는데 그곳에 이순신 장군과 임진왜란 때 함께 수군으로 활약했던 정운 장군, 송희립 장군의 위패가 모셔져 있어요. 이순신 장군은 이곳 순천왜성에서 빠져나가려던 고니시 유키나가라는 일본 장수의 군대를 끝까지 무찌르려다가 노량해전에서 안타깝게 전사했지요. 그럼 임진왜란의 마지막 전투가 벌어진 순천왜성으로 떠나 볼까요?

조선의 최대 위기, 임진왜란과 정유재란

먼저, 순천왜성이 만들어졌던 시대의 상황을 알아볼까요?

1592년 4월 13일 일본군은 선봉대 1만 8,700명이 병선 700여 척에 나누어 타고 부산포로 쳐들어왔어요. 도요토미 히데요시는 조선에 '정명가도(征明假道)', 즉 명나라를 치려고 하니 조선이 길을 열어 달라는 요청을 했어요. 이를 거절하자 일본이 조선을 침략한 전쟁이

충무사 입구

바로 임진왜란이에요. 임진왜란은 1592년부터 1598년까지 약 7년간 조선(한국)과 도요토미 정권(일본) 사이에서 일어난 전쟁으로, 두 국가가 모든 국력을 끌어 총력전으로 충돌한 전쟁이에요. 안타깝게도 조선은 200년 동안 전쟁이 없는 태평세월이 계속되어 백성들은 군사 훈련을 받지 못한 상황이었고, 내부는 당파싸움으로 분열된 상태였어요. 그에 반해 일본군은 오래전부터 전쟁을 준비하여 강력한 군사력을 보유하고 있어 조선군이 이를 막아 내기에는 역부족이었지요. 성에 주둔하던 장군과 군사들은 손쉽게 무너졌고, 선조는 일본군이 점점 다가오자 짐을 싸서 개성으로, 평양으로 그리고 명나라 근처에 있는 의주까지 도망을 쳤어요.

이순신 장군 위패와 영정

　이때 전라 좌수사로 있던 이순신 장군은 미리 대비하여 배를 정비하고 군사들을 훈련시켰어요. 일본군이 침략했다는 소식을 들은 이순신 장군은 함대를 정렬시키고 전라 좌우수군을 지휘하며 옥포 해전, 한산대첩 등의 전쟁을 승리로 이끌면서 전국에서 일어난 의병과 함께 조선을 지켜 내고 있었어요. 선조는 피난 도중 명나라에 사신을 파견하여 여러 번 구원을 요청하였어요. 조선의 연이은 요청으로 명나라도 심각성을 느끼고 대규모의 병력을 보내 참전했어요. 바로 이들이 '조명연합군'이에요. 여기에 김덕령, 곽재우, 정문부 등의 의병들과 관군들이 반격을 시작했고, 사명당의 승려 군대가 곳곳에서 일본군을 격파했어요. 그리고 권율의 행주대첩, 김시민의 진주대첩, 이순신의 한산도대첩 승리로 일본은 퇴각하기 시작했어요.

일본과 명나라가 전쟁 종료를 위한 협상을 했지만 1597년 8월 27일, 일본은 총 14만 명의 군대를 이끌고 다시 조선을 침공했어요. 이것이 '정유재란'이에요. 일본군은 대마도를 거쳐 부산포로 진입한 후 충청도까지 거침없이 밀고 올라갔어요. 그러나 이순신 장군이 이끄는 조선 수군이 바다를 장악하며 일본군은 보급품을 제대로 공급받지 못하고 조명연합군에 막혀 다시 순천, 울산, 사천 등지로 후퇴했어요. 그러자 일본군은 남해안 일대의 전략 요충지에 왜성을 지은 후 장기전에 들어갔어요. 정유재란의 중요 전투는 이곳 왜성에서 집중적으로 이루어졌지요.

정유재란 마지막 전투, 순천왜교성전투

순천왜성은 정유재란의 역사에서 큰 의미를 갖는데 그것은 사상 최초로 조명연합 육군과 해군 42,000여 명이 육지와 바다에서 전쟁을 펼친 현장이기 때문이에요. 그리고 임진왜란과 정유재란으로 이어지는 7년 동안의 기나긴 전투의 마지막이 된 장소가 이곳 순천왜성이고 당시 전투를 '순천왜교성전투'라고 해요.

정유재란 당시 육지에서 벌어진 전투에서 퇴진한 일본군 선봉장 우키타 히데이에, 도다카도라가 전라도를 공략하기 위한 전진기지

겸 최후 방어기지로 삼기 위해 1597년 9월부터 11월까지 조선 백성들을 동원하여 3개월간 순천왜성을 쌓았어요. 이후 한양으로 진격하던 일본군 장수 고니시 유키나가는 전세가 불리해지자 이곳 순천왜성으로 들어와 조명연합군과 전투를 벌였지요. 그러던 1598년 9월, 일본 영주 도요토미 히데요시가 죽자 순천왜성에 주둔해 있던 고니시 유키나가의 일본군은 부산으로 철수하려 했지만 조명연합군에 가로막혀 오도 가도 못하는 신세가 되었어요. 고니시 유키나가는 순천왜성 근처의 남해왜성, 고성왜성에 주둔한 일본군에 지원 요청을 했는데, 이를 눈치챈 이순신 장군은 비밀리에 하동과 남해 사이 좁은 바닷길인 노량해협으로 이동해 고니시를 구하러 온 일본군과 전투를 했어요. 이 전투가 이순신 장군의 마지막 전투인 '노량해전'이에요. 전투에서 조선군은 크게 이겼지만, 이순신 장군은 일본군이 쏜 총탄에 맞고 "전투가 한창 급하니, 나의 죽음을 알리지 말라"는 말을 남기고 전사했지요. 순천왜교성전투와 노량해전은 조선을 침공한 일본군을 단 한 명도 살려 보내지 않겠다는 충무공 이순신의 결의에 의해 치러진 전투였어요. 일본군이 철수한 이후 남아 있는 일본군까지 모조리 소탕한 남해왜성 전투를 끝으로 7년간의 임진왜란과 정유재란 대전쟁은 끝났어요.

수차례 조명연합군의 공격을 막아내며 함락을 허락하지 않았던 순천왜성, 일본군이 철수하고 나서야 조명연합군이 입성할 수 있었던 순천왜성은 어떻게 지어졌을까요?

난공불락 천혜의 요새, 순천왜성

순천왜성은 당시 일본인들이 쌓았던 성의 모습을 대표적으로 보여 주는 유적이에요. 일본군은 광양만 깊숙한 곳 바닷가 언덕에 성터를 잡고 순천 검단산성 쪽에 연결된 땅을 파내 바닷물을 끌어들여 해자를 만들었어요. 해자는 적의 접근을 막기 위해 일부러 성 둘레의 땅을 판 뒤 물을 채워 놓은 것을 말해요. 해자 바깥쪽으로 두 개의 성곽이 있고 다리를 통해 해자를 건넌 뒤 다시 세 개의 성곽을 거쳐야 성 중앙 가장 높은 곳에 위치한 천수각에 이를 수 있는 구조로 되어 있어요. 게다가 조수 간만의 차로 인해 썰물이 되면 배가 성에 가까이 접근할 수 없었고 들어가는 입구가 좁아 조명연합군이 수가 많아도 물러설 수밖에 없던 곳이었어요. 그야말로 난공불락의 요새였지요.

이렇게 천혜의 요새였던 순천왜성은 다양한 이름으로 불렸어요. 순천왜성에 들어가려면 좁고 예리한 다리를 건너야만 했는데 이런 모습을 두고 '예교성'이라고 불렀어요. 이외에도 이곳에 일본군이 주둔했기 때문에 '왜교성', '왜성대'라고도 했는데 조선 중기 광해군 때

이수광이 순천부사로 있을 당시 그 이름이 좋지 않다 하여 '망해대'라는 새로운 이름으로 부르도록 했어요.

순천왜성은 임진왜란 당시에 일본군이 쌓았던 성 가운데 가장 서쪽에 있으며, 전라남도에서는 유일한 왜성이에요. 성 안에는 천수단, 문지, 해자 등의 주요 건물의 흔적이 남아 있어 성곽을 만들 당시의 상황을 알 수 있어요. 1962년에 사적으로 지정되었지만 일본인이 만든 문화재이기 때문에 나중에 사적에서 해제되고, 기념물로 지정되었어요. 게다가 일본군이 세웠다는 이유로 복원 작업이 제대로 이루어지지 않다가 근래에 들어서 어느 정도 복원이 된 상태예요. 그럼 이제 정유재란의 최대 격전지였던 순천왜성을 둘러봐요.

주차장으로 쓰이는 넓은 공터에서 왜성의 모습이 보이지는 않지만 입구 옆 설명판이 이곳에 순천왜성이 자리 잡고 있음을 알려 주어요. 공터에서 보이는 연못은 당시에 해자로 바닷물이 흐르던 수로가 있던 곳이에요. 연못 오른쪽에 바깥쪽 성곽이 있었지만 지금은 흔적도

정왜기공도권 비석

없는 상태예요. 연못 앞 비석에 그려진 '정왜기공도권'을 통해 그 당시 왜성의 모습을 가늠해 볼 수 있는데 이 그림은 임진왜란 때 파견된 명나라 황실의 화가가 순천왜성에서 치러진 전투 장면을 생생하게 그린 그림이에요. 성곽의 배치와 천수각의 구체적인 모습, 일사불란하게 움직이는 일본군, 바닷가에 정렬한 왜선의 모습까지 살펴볼 수 있어요. 그림을 보며 그 당시 순천왜성의 모습과 전쟁의 규모, 왜성을 함락시키려는 조명연합군의 모습을 상상해 보세요.

순천왜성의 첫 관문, 문지

연못을 끼고 잘 닦여진 산책로를 따라 올라가다 보면 본성의 첫 번째 성문(문지)이 있던 곳부터 성터가 시작되어요. 본성과 외성을 연결하는 주출입문 역할을 하는 첫 번째 문지는 자연석으로 탄탄하게 짜맞춰져 있어 지금까지도 견고해 보여요. 기초 공사로 토대를 닦고 그 위에 성벽을 쌓는 조선의 방식과는 달리 일본군은 기초 공사 없이 커다란 돌을 쌓아 올리는 방식이어서 공사 기간이 짧아요. 그래서 3개월 만에 성을 쌓아 올릴 수 있었어요.

첫 번째 문지에서 울타리 길을 따라 약 50m 정도 살짝 오르막을 오르면 ㄱ자 형태의 두 번째 문지가 나와요. 직각으로 꺾여 있는 형태로 옆으로 좁은 길을 통해 꺾어 들어가게 되어 있어요. ㄱ자 형태

성곽 위에서 바라본 해자

문지

전남 순천

의 문지는 적의 위치를 쉽게 알 수 있고 적이 반드시 통과해야만 하는 성문이 숨겨진 형태예요. 일본군은 매복해 있다가 좁은 문으로 들어오는 조선 군사들을 조총으로 공격하여 자신들의 성을 지킬 수가 있었지요. 문지의 가파른 계단을 조심히 올라서면 웅장한 왜성의 모습을 상상해 볼 수 있지만 일본군에게 포로로 잡혀 강제로 큰 돌들을 옮겨 성벽을 쌓아 올릴 수밖에 없었던 우리 선조들의 모습이 떠올라 가슴이 아프기도 해요.

순천왜성의 꼭대기, 천수각

본성으로 가려면 살짝 오르막길을 올라가야 해요. 오르막이 있는 숲을 지나면 순천왜성의 본성으로 들어가는 문이 나오는데, 문을 통과하면 깔끔하게 정돈된 소나무와 잔디밭을 볼 수 있어요. 널따란 평지 위에 기단을 세워 가장 높은 건물인 지휘부 천수각을 세웠어요. 그러나 지금은 천수각의 기초인 천수기단만 남아 있어요. 천수각은 일본성에서 권위와 상징의 건물로 성내에서 가장 높은 곳에 가장 웅장하게 지어진 건물이에요. 짧은 기간 머물던 곳에 천수각까지 지은 것을 보면 장기전을 예상했던 것으로 생각돼요. 천수기단에 천수각을 세웠던 흔적인 주춧돌이 그대로 남아 있고 '정왜기공도권'을 통해 3층으로 된 천수각을 볼 수 있는데 그 아래는 '5층 망루'라는

천수기단

천수기단 위에서 바라본 본성 내부

전남 순천

본성에서 바라본 율촌공단

글자가 적혀 있어 실제 천수각이 5층 규모였을 것으로 추측해요. 천수기단에 올라서면 조명연합군이 주둔하던 검단산성도 눈으로 확인할 수 있어요. 하지만 주변 바다가 간척으로 육지가 되어 율촌공단이 들어서 있고 고니시군의 탈출을 막기 위해 조선 수군이 주둔했던 섬인 장도는 매립용 흙으로 사용되면서 그때의 모습을 찾아볼 수 없어요.

아픈 역사를 기억하다, 순천정유재란 역사공원

순천왜성에서 내려와 충무사 가는 길로 나가다 보면 왼쪽에 폐교가 된 충무초등학교를 개조해 만든 '순천정유재란 역사공원'을 만날 수 있어요. 임진왜란 최후의 격전지 순천에서 그 당시 백성들의 희생을 기억하기 위해 조성되었어요. 역사공원의 중앙에 위치한 평화광장에는 기억과 승화를 상징하는 평화 군상과 현재를 살아가는 우리

들의 평화와 염원을 담아낸 문구가 기록된 1,597개의 판석, 그리고 순천왜교성전투를 기록한 히스토리월로 구성되어 있어요. 역사공원 한가운데 있는 평화 군상은 중앙의 어머니와 어린아이를 통해 무명의 백성들과 병사들이 전쟁의 고난과 역경을 이겨 내고 전쟁 속의 피어난 희망으로 다가올 미래와 평화를 향해 다가서는 모습을 담고 있어요.

　임진왜란의 아픈 역사를 간직한 순천왜성. 3개월이라는 짧은 시간에 성을 쌓고 해자를 만들 정도였으니 이 일에 동원된 조선의 백성들은 얼마나 힘들었을까요. 게다가 왜성을 지키는 대부분의 병사도 우리 백성이었다고 하니 순천왜성은 우리 조상들의 희생이 담긴 잊어서는 안 될 역사의 현장이에요.

순천정유재란 역사공원

유네스코 세계유산에 등재된 사찰, 선암사

　선암사는 전라남도 순천시 승주읍 조계산 동쪽 기슭에 있는 사찰로 신선이 바둑을 두던 큰 바위가 있었다 하여 '선암사'라고 이름을 지었다고 해요. 선암사는 2018년 6월 30일 '산사, 한국의 산지 승원(Sansa Buddhist Mountain Monasteries in Korea)*'이라는 명칭으로 유네스코 세계유산에 등재되었어요. 조선 후기의 사찰을 잘 보존하고 있는 선암사 안에는 우리나라 보물 4점과 전라남도 도 지정 문화재 5점, 불교 회화와 조각, 공예품 등 약 1,800여 점의 문화재가 있어 보물창고 같은 사찰이에요.

　선암사 곳곳에는 잦은 화재로 인해 불의 기운을 다스리려는 세심한 노력들이 보인답니다. 한때 산 이름을 청량산으로 하고 절 이름을 해천사로 바꾸기도 해서 일주문 뒤쪽에 '고청량산해천사'라고 적힌 현판이 남아 있어요. 그리고 선암사 몇몇 건물에서 바다 해(海)자와 물 수(水)자를 발견할 수 있고 사찰 내에 석등이 없는 반면 작은 연못을 볼 수 있어요. 게다가 돌담과 흙담이 유난히 많은데 이는 화

산사 한국의 산지 승원에 포함된 7개 사찰은 순천 선암사, 해남 대흥사, 보은 법주사, 공주 마곡사, 양산 통도사, 영주 부석사, 안동 봉정사입니다.

선암사 전경

재 발생 시 방화벽의 역할을 하고 있답니다.

  선암사는 신라 진흥왕 때 아도화상이 고청량산 해천사라고 처음 절을 세웠다는 이야기와, 신라 헌강왕 때 도선국사가 선암사라 했다는 이야기가 있어요. 이후 고려 중기에 대각국사 의천에 의해 고쳐 다시 지었다고 해요. 정유재란 때, 전라도 사찰은 일본군의 침략으로 거의 불에 타거나 막대한 피해를 입었는데 이때 선암사도 불에 타는 등 거의 초토화되어 철불 1기, 보탑 2기, 부도 3기와 문수전, 청측(뒷

문화재로 지정된 화장실을 찾아라!

순천에 문화재로 지정된 화장실이 있다는데 어디일까요? 이곳을 소재로 쓴 시를 찾아 봅시다.

순천 산암사의 해우소는 문화재로 지정된 화장실이에요. 해우소는 근심을 푸는 곳이라는 의미로, 절에서의 화장실을 일컬어요. 선암사 해우소를 소재로 한 시는 정호승 시인이 쓴 '선암사'라는 시예요. 근심 걱정이 많을 때 선암사의 유명한 화장실, 해우소에서 실컷 울며 우리 몸 안에 쌓여 있는 음식의 찌꺼기만 내보지 말고 마음의 찌꺼기도 내려놓고 가라는 의미로 시를 썼다고 해요. 위안이 필요할 때 선암사에 와서 마음을 정화시키라는 정호승 시인의 마음을 따라 함께 선암사를 둘러보아도 좋겠습니다.

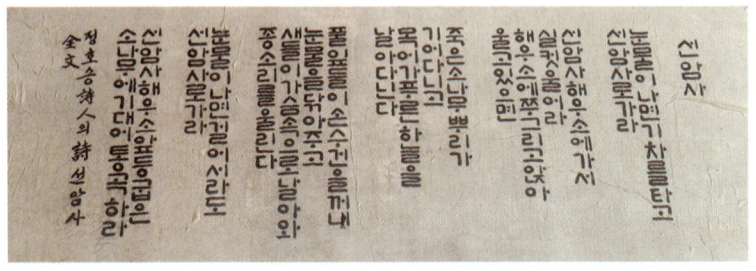

간), 조계문을 제외한 나머지는 모조리 불타 흔적조차 없게 되었어요. 이후 호암대사가 선암사 수리와 함께 승선교를 만들며 사찰을 정비하였어요. 전성기 시절에는 건물 100여 동이 있었으나 여순사건 당시 40여 동이 소실되었고, 남은 건물들도 이후 한국 전쟁으로 꽤 많이 소실되어 지금은 20여 동만 남아 있어요.

선암사의 사진 명소, 승선교와 강선루

선암사에 들어서면 울창한 숲과 계곡물이 우리를 반겨 주어 청량함을 온몸으로 느낄 수 있어, 더운 한여름에도 계곡 물소리와 나무 그늘 덕에 그리 덥지 않게 선암사에 오를 수 있어요. 선암사 초입에 만나는 승선교는 조선 숙종 때 호암대사가 관음보살의 모습을 보기 바라면서 백일기도를 드렸지만 그 기도가 헛되자 낙심하여 벼랑에 몸을 던지려는데 이때 한 여인이 나타나 대사를 구하고 사라졌어요. 대사는 사라진 여인이 관음보살임을 깨닫고 원통전을 세워 관음보살을 모시고 절 입구에 무지개 다리도 놓았는데 바로 그 다리가 승

승선교

삼인당

선교예요. 임진왜란 이후 불에 타서 무너진 선암사를 중건할 때 이 다리를 다시 놓았어요. 승선교 바로 옆 강선루는 정자 기둥 하나가 계곡으로 빠져 있는 것이 특징인데 승선교 사이로 보이는 강선루를 찍으면 사진이 아름답게 나오기 때문에 사람들이 발길을 멈추고 사진을 많이 찍어요.

 승선교를 지나 일주문으로 가는 길에 연못을 하나 만날 수 있는데 이곳이 삼인당이에요. 삼인당은 긴 알 모양의 연못 안에 섬이 있는 독특한 형태로, 선암사 기록에 의하면 신라 경문왕 때 도선국사가 만들었는데 삼인당은 불교의 세 가지 근본 원리인 '제행무상인',

'제법무아인', '열반적정인'의 불교 중심 사상을 새기는 뜻을 담고 있어요. 그 의미는 세상 모든 행위는 한 가지 모습으로 정해져 있지 않고, 모든 것이 항상 변화하고, 인연으로 생긴 것이어서 진실한 자아의 실체가 없으며, 수행에 진리를 체득하여 고요하고 청정한 경지를 말해요. 조금 어렵지만 부처님의 가르침을 조금이나마 이해할 수 있을 것 같아요.

선암사의 숨쉬는 역사, 일주문

작은 언덕을 휘돌아 올라가다 보면 선암사 일주문을 만나게 돼요. 일주문은 선암사 입구에 세워져 속세와 불계의 경계 역할을 하는 사

선암사 일주문

찰의 건물이에요. 이 일주문은 화제로 인해 소실되었다가 1719년에 다시 지어졌는데 조선 중기 이후 유일하게 불타지 않는 건물이라고 전해져요. 일주문의 지붕은 2개의 기둥을 나란히 세워 옆면이 사람 인(人)자 모양으로 만든 맞배지붕이에요. 다른 사찰에서 수문장 역할을 하는 사천왕 대신, 일주문에 용머리를 조각하여 수문장의 위엄을 더했어요. 일주문 앞면 중앙에는 '조계산 선암사' 현판과 뒷면 중앙

일주문 안쪽 용머리 조각상

일주문 뒷면

에는 '고청량산 해천사'라고 쓴 현판이 걸려 있어요.

선암사의 심장, 대웅전

《구운몽》의 저자 김만중의 아버지 김익겸의 글씨 '육조고사'가 있는 만세루를 돌아 들어가면 선암사의 심장, 대웅전이 그 위엄을 자랑해요. 대웅전은 석가모니불을 모신 선암사의 중심 법당으로 정유재란과 영조 때 두 차례 소실되었던 것을 조선 순조 때 다시 지어 오늘에 이르고 있어요. 대웅전 처마의 연꽃 봉오리 장식과 기둥머리의 용머리 장식은 조선 후기 건축 양식의 화려한 모습을 잘 간직하고 있어요. 빛바랜 단청이 세월의 흐름을 말해 주고 있지만 기품 있고 옛 정취가 그대로 묻어나는 대웅전 앞에 서면 절로 감탄이 나온답니다.

대웅전과 석탑

대웅전 앞마당에 있는 통일신라 때 만들어진 동서 삼층석탑은 완전히 같은 규모와 방법으로 만들어져 같은 사람의 솜씨로 동시에 세워진 것임을 알 수 있어요. 위와 아래의 비율이 우아하며 신라 시대 석탑의 전형적인 형태를 잘 간직하고 있어요. 이 석탑을 해체 수리할 때 사리장엄구 3점이 발견되었어요. 사리장엄구는 스님이 참된 수행의 결과로 생겨난다고 여겨지는 구슬 모양의 유골인 사리를 불탑에 안치할 때 사용하는 용기를 말해요. 특히 금동으로 제작된 사리탑은 당시 우수한 금속 공예 기술을 보여 주는 중요한 문화재예요.

선암사의 매력, 선암매와 와송

선암사에서 놓치지 않고 봐야 할 또 하나! 바로 2007년 천연기념물로 지정된 선암매예요. 나무가 하나의 보물이라니 놀랍지요? 대각국사 의천 스님이 와룡송과 함께 심었다고 해요. 원통전 뒤편과 각황전 옆 담에 수령이 350~650년에 이르는 오래된 매화나무 50여 그루가 서식하고 있어요. 매화나무는 토종 매화로 개화 시기가 늦어 3월 말경에 만개하여 장관을 이루는데 이들 매화나무를 선암매라고 해요. 이 선암매는 호남 5매이자 우리나라 4대 매화 중 하나지요. 우리나라 천연기념물로 정해진 매화나무 중에 가장 생육이 좋다고 해요. 여기서 나오는 매실로 음식을 만들어 스님들과 사람들이 나누어

선암사 선암매

선암사 와송

먹는다는데, 그 맛은 어떨지 벌써 침이 고이네요. 선암매와 함께 또 하나의 볼거리가 있는데 바로 무량수각 앞 선암사 와송이에요. 선암사 와송은 원래 연못 옆에 심은 조경수였는데 세월이 흐르면서 지반이 약해지며 소나무 줄기가 옆으로 기울게 되었어요. 추사 김정희가 무량수각 현판을 쓰고 그 후 기념식수로 심었다고 해요. 중요한 소나무라 담을 둘러놓았는데 사람들이 행운을 빌며 동전을 던져 놓기도 했어요.

정조와 순조의 손길, 원통전

경사로를 따라 올라가면 아담한 화단 사이에 있는 사찰들을 만날 수 있는데 그중 하나가 원통전이에요. 원통전은 조선 헌종 때 경준, 경잠, 문정대사가 처음 지었고, 숙종 때 호암대사가 고쳐 지었어요. 원통전은 이중 구조인데 외부와 내부의 경계는 예전에 모두 문으로 막혀 있었지만 지금은 남아 있는 문살만이 문이 있었다는 것을 알려 주고 있어요. 이곳은 특별한 사연이 있는데 후사가 없는 정조를 위해 눌지 스님이 100일 기도를 해서 순조가 태어났어요. 정조가 직접 와서 원통전을 짓고 어필을 내렸다고 해요. 이곳 '대복전'이라는 글씨는 순조의 글씨예요. 그래서 지금도 아이를 낳기 위해 이곳을 찾는 이들이 많다고 해요.

우리나라에서 가장 아름다운 화장실, 선암사 뒷간

드디어 순천 선암사의 보물 뒷간이에요. 정유재란 때 불에 타지 않은 몇 개의 건물 중 하나예요. 이 뒷간은 언제 지어졌는지 명확하지는 않지만 1920년 이전 지금의 모습을 갖추고 있었던 것으로 보여요. 화장실 건물로는 우리나라에서 유일하게 문화재로 지정되었고 가장 아름다운 화장실이라는 별명을 가지고 있어요. 출입구에 설치된 풍판은 이 건물의 특징인데, 풍판 아랫부분의 가운데와 양 끝을 약간 들린 곡선으로 처리했어요. 이렇게 곡선으로 처리된 입구의 모습은 아름다운 곡선미를 보여 주고 있어요. 입구에 들어서

선암사 뒷간

면 남자와 여자가 사용하는 칸이 양옆으로 분리되어 있는데 이러한 구성은 재래식 화장실에서는 보기 드물어요. 벽면 앞뒤로 비스듬하게 보이는 살창을 두어 안에서 바깥 풍경을 감상할 수 있고 환기도 잘 이루어질 수 있도록 하였어요. 뒷간 건물은 지형의 차이로 인해 상부층과 하부층을 지혜롭게 분리하여 사용하고 있기도 해요. 화장실 공간이 지면으로부터 멀리 떨어져 있어 악취가 덜 나도록 설계되어 있답니다.

이 외에도 선암사에는 대웅전 뒤편으로 아기자기한 건물들이 배치되어 있고 소박하게 꾸며진 꽃과 나무들이 숨은 절경으로 마음을 편하게 하지요. 선암사 입구에 있는 순천 전통 야생차 체험관에서는 순천시에서 재배된 차를 음미할 수 있는 다도 체험을 할 수 있으며, 선암사를 깊이 즐길 수 있는 템플스테이도 있어요.

순천을 맛봐요! 장터국밥과 꼬막정식

순천을 눈으로 즐겼다면 이제 입으로 즐길 차례예요. 순천에는 닷새마다 오일장이 열리는 100년 전통의 웃장과 국내 최대의 전통시장인 아랫장이 있어요. 이곳에서는 전라남도 각 지역의 특산품과 토속음식을 만날 수 있어요. 특히 '순천웃장 국밥거리'에서는 맑은 국물로 유명한 국밥과 쫄깃한 맛이 일품인 삶은 돼지고기 수육, 순대가 입맛을 사로잡아요. 순천역과 고속버스터미널 근처에 위치한 순천아랫장에서는 금요일과 토요일에 야시장이 열리는데 다양한 구경거리와 먹거리가 가득해요.

순천만은 국내에서 꼬막이 가장 많이 서식하고 있어요. 여기서 나오는 꼬막은 알이 굵고 맛이 달기 때문에 이곳 꼬막으로 만든 음식이 유명하고 다양한 꼬막 음식을 파는 식당도 많아요. 꼬막은 그대로 삶아서 양념장을 얹어 먹기도 하고, 꼬막회무침, 꼬막된장국, 꼬막전, 꼬막탕수, 꼬막꼬치구이 등 다양한 요리로 만들어져 여러 가지 맛을 느낄 수 있어요. 넉넉한 인심에 한 상 가득 차려지는 음식이 함께하는 남도의 밥상을 즐겨 보세요.

10
김진향

경기 수원

정조가 구상한 신도시로 떠나는
하루 답사

> **경기 수원 하루 답사 경로**
>
> 수원 화성행궁 ▶ 행궁동 벽화마을 ▶ 수원화성 ▶ 융건릉

사도세자가 잠든 곳

 수원은 정조의 역작이라고도 불리는 수원화성이 있는 곳이에요. 그런데 여러분, 장조를 아시나요? 아마도 조선 22대 임금인 정조는 많이 들어봤을 거예요. 장조는 정조의 아버지인 사도세자로, 돌아가신 뒤에 추존된 이름이에요. 사도세자는 1735년에 영조와 후궁 영빈 이씨 사이의 둘째 아들로 태어났어요. 그전인 1728년에 효장세자가 세상을 떠난 뒤 왕위 계승자가 없는 채로 오랜 시간이 지났기 때문에 한껏 기대를 받으며 태어났지요. 하지만 아버지인 영조와 오랜 갈등으로 인해 만 27세의 젊은 나이로 뒤주에 갇혀 8일 만에 굶어 죽은 비운의 주인공이기도 합니다.

 영조는 늦은 나이인 42세에 사도세자를 얻었어요. 늦게 얻은 아들이니 얼마나 기대가 컸을까요. 기록에 따르면 사도세자는 태어난 지 넉 달 만에 기었고, 여섯 달 만에 영조의 부름에 어느 정도 대답

수원화성 전경

을 할 수 있었고, 일곱 달 만에 동서남북 방향을 구분했으며, 두 살에는 천자문을 배울 정도로 영특했다고 합니다.

  총명한 세자였지만 영조는 기대가 컸던 나머지 더욱 엄하게 키워요. 얼마나 엄했으면 세자는 영조 만나기를 두려워할 정도였대요. 100일도 안 되어 친어머니인 영빈 이씨와 억지로 떨어져 자라게 된 데다가 아버지로부터 견디기 힘들 정도의 꾸중과 정신적 학대가 이어지니 결국 정신병을 얻고, 기이한 행동을 하기 시작했어요. 주변에 이간질하는 신하들까지 합세해 결국 아버지 영조에게 미움을 받고 뒤주 안에서 고통스러운 죽음을 맞이하게 되었어요. 사도세자의 아들인 정조는 일찍 아버지를 잃었기에 그 그리움은 갈수록 커져 갔을 거예요. 그리운 마음을 달래고자 아버지의 무덤을 자주 방문하기 위해 수원에 화성행궁을 짓게 됩니다. 그리고 왕도정치를 실현하기 위한 포부를 갖고 수원화성을 지었습니다.

효심이 지극한 정조, 화성행궁을 짓다

  행궁(行宮)은 왕이 지방에 내려갈 때 별도의 궁궐을 마련하여 임시로 머무는 곳을 말해요. 화성행궁은 사도세자의 무덤인 현륭원을 수원으로 옮겨 오면서 정조가 머문 곳이에요. 전국의 행궁 중에서 가장 돋보이는 규모와 격식을 갖추었기에 아름다운 행궁으로 손꼽

힙니다. 정조 이후에도 순조, 헌종, 고종 등이 이곳에서 머물렀어요. 정조는 1795년에 어머니인 혜경궁 홍씨의 회갑연을 치르기 위해 화성행궁의 건물을 새로 짓고 이름을 바꾸기도 했어요.

화성행궁으로 들어서면 가장 중심에 있는 봉수당 건물을 볼 수 있는데 이곳에 혜경궁 홍씨의 회갑연을 치르던 모습을 재현해 놓았어요. 잔치 상차림에 오른 음식과 의관을 갖춘 혜경궁 홍씨와 정조 임금의 모형을 볼 수 있어요.

효심이 지극했던 정조는 1790년부터 1800년까지 11년 동안 아버지의 능을 12번 방문했고 그때마다 화성행궁에 머물며 여러 행사를 치렀어요. 그중 1795년은 어머니인 혜경궁 홍씨의 회갑연을 치르기 위해 진행된 8일간의 화성 행차로 특히 더 의미가 있었지요.

화성행궁은 건립 당시의 모습이 《화성성역의궤》와 《정리의궤》에 그림으로 남아 있어요. 일제 강점기와 한국 전쟁을 겪으며 건물 대부분이 파괴되어 본래의 모습을 유지하고 있는 것은 낙남헌과 노래당 정도뿐이에요. 낮에 자세히 둘러보는 행궁도 아름답지만, 밤에 보는 행궁과 수원화성 성곽길은 정말 아름다워요. 5월부터 10월까지 야간에 둘러볼 수 있으니 '수원야행' 기간을 놓치지 마세요.

행궁을 한 바퀴 둘러보다 보면 낙남헌 옆에 조금 특이한 이름을 가진 소박한 건물이 보여요. 바로 노래당이라는 곳인데, 화성행궁의

노래당

별당으로, 정조 18년(1794)에 행궁을 증축하면서 낙남헌과 함께 지은 건물이에요. 정조는 아들의 나이가 15세가 되면 왕위를 물려 주고 노년을 화성에서 보내기 위해 '늙음이 찾아온다'라는 뜻을 지닌 노래당을 지었지만 안타깝게도 정조는 이곳에서 노년을 보내지 못하고 생을 마감했어요.

노래당으로 통하는 출입문은 '길이 젊음을 보존한다'는 의미의 난로문(難老門)이에요. 계단 몇 개를 올라 좁고 아담한 난로문을 통과해 노래당을 방문한 사람들은 노년을 맞이하는 마음가짐을 좀 더

차분하게 생각해 볼 수 있지 않을까요?

국내 최대 길이의 벽화, 행궁동 벽화 마을

　화성행궁 양쪽은 골목마다 예쁜 카페와 음식점들이 많이 생겨서 '행리단길'이라는 별칭으로 불릴 정도로 인기가 있어요. 최근 많은 관심을 받았던 드라마의 촬영 장소였던 작은 식당은 어마어마한 인파가 몰리는 명소가 되기도 했지요. 특히 오래전부터 명소였던 행궁동 벽화 마을을 빼놓을 수 없어요. 쉽게 찾으려면 장안사거리를 검색하는 것이 빨라요. 장안사거리에서 안쪽으로 조금만 들어오면 벽화 마을의 입구와 함께 조형물이 보여요. 수원 행궁동 벽화 마을은 시청이나 기업에서 시작한 사업이 아니라 지역 주민들의 자발적인 참여로 만들어졌다는 점이 특별해요. 유네스코 세계문화유산으로 지정된 화성 주변은 함부로 개발할 수 없어 오히려 오래된 집들이 많아 한때 위험 지역으로 인식되기도 했대요. 그래서 행궁동 주민과 시민 단체, 예술가들이 뜻을 모아 벽에 그림을 그려 국내 최대 길이의 벽화 마을을 완성한 거예요. 이후 사람들이 찾아오면서 드라마 촬영지로도 유명해졌고, 곳곳에서 예술적인 정취를 느낄 수 있는 마을이 된 거죠. 정겨운 골목 문화가 살아 있는 행궁동 벽화 마을에는 볼거리가 많아요.

화성전도

정조가 구상한 '신도시' 수원

2022년에 특례시가 된 수원은 정조의 도시라고 해도 과언이 아니에요. 정조가 이곳에 새로운 도시를 건설하려고 했기 때문에 수원은 최초의 계획도시로도 불려요. 정조가 수원화성을 건설하면서 가장 아낀 신하는 누구일까요?

바로 다산 정약용이에요. 지리학·의학·공학에 음악까지 섭렵해 박학다식했던 다산에게 정조는 자신의 정치 철학을 실현할 새로운 장소를 마련하라고 명했어요. 다산은 수원을 가장 적합한 곳이라고 보았어요. 많은 사람들이 수원화성 건설의 이유를 사도세자 묘를 이장하려는 정조의 효심으로 해석하기도 하지만, 그런 작은 이유에서만 시작한 일이 아니에요. 수원화성 건설에는 당시 서로의 이익만을 위해 싸우는 당파정치를 없애고 강력한 왕도정치를 실현하기 위한 정조의 정치적인 의지가 담겨 있다고 할 수 있어요. 정조는 수원화성을 중심으로 조선을 개혁하고자 했고 수도 남쪽의 국방 요새로 활용하는 원대한 계획을 갖고 있었답니다.

조선 성곽 건축의 꽃, 수원화성

수원화성은 수원시 팔달구 장안동에 위치한 전체 길이 약 5.7km의 성곽으로 1997년에는 유네스코 세계문화유산으로 등재되었어요. 한국 전쟁 당시에 일부가 파괴되어 나중에 다시 복원한 건축물이에요. 지금도 팔달문 벽을 살펴보면 여기저기 패인 총탄 자국이나 전쟁으로 훼손된 흔적을 쉽게 발견할 수 있어요.

유네스코 세계문화유산으로 지정되려면 까다로운 검증 과정을 거쳐야 해요. 원래 건물이 아닌 중간에 훼손이 되어 재건을 하게 되면 세계문화유산으로 인정받기가 어려워요. 그런데 수원화성은 다행히도 계획할 당시의 설계도와 관련 내용을 매우 자세하게 기록해 둔 《화성성역의궤》가 남아 있어서 이를 바탕으로 거의 원래 그대로 복원하였기 때문에 그 역사적 가치를 인정받을 수 있었답니다. 완벽에 가까운 자세한 공사 기록은 건설 당시 그 건축물이 어떻게 지어

수원화성 팔달문

졌는지를 보여 주기도 하지만 그 건축물을 복원하거나 보수할 경우에 참고할 수 있는 설명서 같은 역할을 하니 매우 유용한 기록물이라고 할 수 있어요.

《화성성역의궤》에는 공사 일정, 공사에 종사한 감독관의 인적 사항, 공사 수행 중에 주고받은 문서와 왕의 명령, 의식, 각 건물의 공사에 직종별로 참여한 장인의 이름과 출신지와 작업 일수, 사용된 자재의 수량 및 단가, 전체 공사 비용의 수입과 지출 내역 등까지 꼼꼼하게 기록되어 있어요. 또한 사용된 건설 장비의 기능 및 수량 그리고 각 건물에 대한 설명이 그림과 함께 기록되었는데 18세기 말 이 정도의 공사 기록을 남긴 사례는 세계적으로도 그 유례를 찾기 힘들 정도라고 하니 정말 대단하다고 할 수 있겠지요.

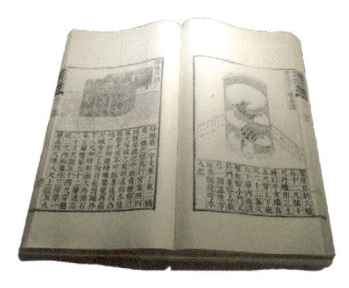
화성성역의궤

수원화성은 한국 성의 구성 요소인 옹성, 성문, 암문, 산대, 체성, 치성, 적대, 포대, 봉수대 등을 모두 갖추고 있어서 대한민국의 성곽 건축 기술의 총합을 보여 주는 건축물이라는 평가를 받아요. 특히 수원화성에서 관심 있게 봐야 할 곳은 '공심돈'이에요.

공심돈은 성 밖의 적군을 감시하는 일종의 감시탑으로 우리나라에서는 유일하게 수원화성에서만 볼 수 있어요. 정조는 서북공심돈

서북공심돈

을 보고 "우리나라에서 처음으로 만든 것이니 마음껏 구경하라."며 만족했다고 해요. 보물 제1710호이기도 한 서북공심돈은 지금도 축성 당시의 원형을 보존하고 있어 더 의미가 깊은 건물이에요.

수원화성의 놀라운 점이 또 하나 있어요. 바로 공사 기간이에요. 당시 완성하기까지 예상 기간이 있었는데 이를 3분의 1로 줄였다고 해요. 그것은 조선 시대에 무거운 물건을 들어 올리던

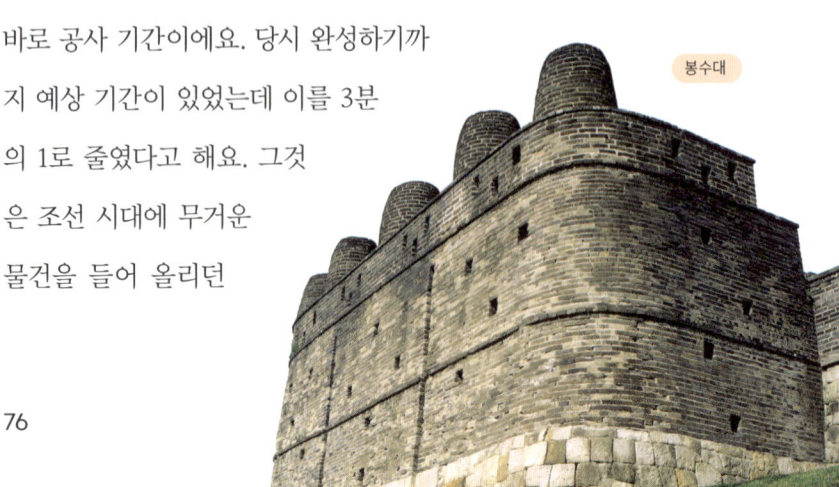

봉수대

기계인 거중기 등 과학적인 장비를 사용했고, 또 함께 공사에 참여한 인부들에게 정당한 임금을 주고 기술자의 실명을 새겨 책임감 있게 공사에 참여하도록 하는 등의 노력이 어우러져 만들어진 결과예요. 그런 일들이 모여 10년 걸릴 것으로 예상했던 기간이 얼마나 단축되었을까요? 무려 2년 9개월로 단축된 점은 정말 믿기 힘든 결과라고 할 수 있겠지요? 정조는 백성을 사랑하는 마음으로 일하는 기술자들에게 추위에 견딜 수 있도록 정3품 당상관 이상만 쓸 수 있는 토끼털 귀마개와 털모자를 하사하기도 하고, 여름에는 더위 먹은 병을 치료할 수 있는 약인 척서단과 오늘날의 영양제라 할 수 있는 제중단을 하사하기도 했대요. 이러한 정조의 애민 정신에 감동한 기술자와 인부들은 더욱 열심히 일을 했기 때문에 그렇게 짧은 기간 안에 멋진 성이 완공될 수 있었습니다.

성곽길을 따라 걷다 보면 일정한 간격으로 '령(令)', '순시(巡視)'라고 쓰인 깃발을 볼 수 있어요. 그런데 자세히 보면 깃발 색깔이 달라지는 것을 알 수 있어요. 깃발의 색깔은 방향을 나타내는데 동쪽은 청색, 서쪽은 흰색, 남쪽은 붉은색, 북쪽은 검은색으로 구분돼요. 4색 깃발이 바뀌는 지점과 그곳에 있는 경계 표지석을 찾아보는 재미, 깃발 하나도 고증을 통해 꽂아 놓았다는 사실 등을 알고 성곽을 걸으면 숨은 보물을 찾는 묘미가 있을 거예요.

수원화성의 정문을 찾아라!

수원화성 4개의 대문 중 정문은 어디일까요?

수원화성에는 4개의 대문이 있어요. 동쪽에 창룡문, 서쪽에 화서문, 남쪽에 팔달문, 북쪽에 장안문이 자리하고 있어요. 보통 임금은 남향을 하기에 남쪽에 있는 문이 정문인 경우가 많아요. 수원화성은 독특하게 북쪽에 있는 장안문이 정문이랍니다. 이는 서울 창덕궁에서 출발해서 아래로 내려오면서 가장 먼저 들어오게 되는 쪽이기 때문에 장안문이 정문이 되었어요. 장안문은 우리나라에서 가장 큰 성문이라고 해요. 맞은편 옹성 부분에서 바라보면 그 웅장함과 화려함을 제대로 감상할 수 있답니다.

군사들을 지휘하던 장소, 서장대

서장대로 올라가는 코스는 여러 군데가 있어요. 화성행궁 주차장에서 팔달산으로 이어지는 산책길을 올라가도 되지만 오가는 길에 수원 시내를 볼 수 있고 전망이 좀 더 좋아서 화서공원 쪽에서 올라가는 길을 추천해요.

장대란 성곽 일대를 한눈에 바라보며 화성에 주둔했던 장용외영

군사들을 지휘하던 지휘소인데 서장대와 동장대 두 곳이 있어요. 팔달산 정상에 있는 서장대에 '화성장대(華城將臺)'라고 쓰인 편액은 정조가 친히 쓴 글씨랍니다. 서장대는 정면 3칸, 측면 3칸의 중층 누각으로서 상층은 정면과 측면이 각각 1칸의 모임지붕으로 되어 있는데 굉장히 멋스러워요. 이곳은 성의 안팎이 한눈에 들어와, 화성 성곽 일대는 물론 이 산을 둘러싸고 있는 백 리 안쪽의 모든 동정을 파악할 수 있었다고 해요.

경사로와 많은 계단을 오르느라 조금 힘이 들지만 서장대에 올라가면 그 모든 수고로움이 싹 사라질 만큼 멋진 풍경을 보게 되지요.

서장대

밤에 서장대에 올랐을 때 하늘에 떠 있는 달과 아래로 내려다보이는 수원 시내의 불빛이 어우러진 광경은 꼭 감상해 보길 추천합니다.

화성에서 가장 아름다운 공간, 방화수류정

방화수류정은 수원화성에서 가장 아름다운 곳으로 손꼽혀요. 이곳에 올라 아래를 내려다보면 용연과 버드나무가 어우러진 아름다운 모습에 감탄이 절로 나오지요. 용연은 용의 연못이라는 의미를 지닌 연못으로 정조의 건축적 취향이 반영된 곳이에요. 수원화성은

방화수류정

한양으로 가는 길목에서 왜군을 막는 전초기지의 역할도 있었어요. 정조는 "아름다움은 적에게 두려움을 준다."며 수원천변에 줄지어 있던 버드나무 잎 모양으로 성곽을 쌓으라고 명했어요. 아름답기도 하지만 당시로서는 최첨단 기술을 도입해 성의 방어력을 높인 것인데 다산은 류성룡이 《징비록》에서 제안한 옹성을 화성의 4개 문에 모두 적용했어요. 옹성은 임진왜란 당시 일본군의 단거리 개인 화기에 속수무책으로 성이 함락되자 자구책으로 내놓은 군사 기술로, 성문 앞을 감싸는 성벽을 쌓아서 적이 성문 가까이에 접근하지 못하도록 만드는 건축 양식을 말하는 것입니다.

수원화성은 억새 명소이기도 해요

10월, 가을에는 성곽길 곳곳에서 붉게 물든 단풍나무가 눈길을 사로잡아요. 그런데 그보다 더 가을의 정취를 물씬 느끼게 해 주는 곳이 있답니다. 바로 화서문과 서북각루 사이에 있는 억새예요. 이맘때 가면 햇빛을 받은 억새밭이 눈부시게 펼쳐져 있을 거예요. 억새가 만발한 시기에는 사진 찍기 바쁜 관광객들로 북적거려요. 아름다운 사진을 얻으려면 이렇게 구도를 잡아 보세요. 위쪽으로는 화성의 일부가 보이게, 아래쪽으로는 은빛으로 빛나는 억새의 모습이 담기게 말이지요. 두 가지가 어우러진 풍경은 절로 감탄이 나올 만큼

아름다운 한 폭의 그림 같을 거예요. 가을 억새가 한창일 때 꼭 성곽 길을 걸어 보세요.

8일 동안 이어지는 정조의 수원화성 행차

1795년은 정조가 왕위에 오른 지 20주년이 되는 해이자, 아버지 사도세자와 동갑인 어머니 혜경궁 홍씨가 함께 회갑을 맞는 특별한 해였어요. 정조는 이를 기념하기 위해 무려 2년 동안 치밀하게 준비하여 7박 8일의 일정으로 수원에 행차하였습니다. 아버지 사도세자의 묘소를 참배하고 어머니의 회갑 잔치를 열면서, 양반과 노인 및 일반 백성들을 위한 다양한 행사도 베풀어 왕실의 경사를 모든 백성들과 함께 하고자 했어요.

〈화성능행도〉는 조선 최대의 국왕 행차로 꼽히는 7박 8일 동안의 화성행차를 그린 8폭의 그림이에요. 이 그림은 수원 행궁 근처 건물 벽이나 장식물, 바닥 그림 등에서도 많이 볼 수 있어요. 말은 물론, 짐을 들거나 옮기는 사람, 병사나 관리들의 모습 등 다양한 차림과 표정이 자세히 그려져 있는 이 그림은 실제 길이만 16m에 달해요. 수원 행차에 동원된 인원이 6,000명, 그림에 있는 말이 779필, 실제 행차의 길이는 1km가 넘었다고 하니 그림의 길이만큼 가치가 큰 자료라고 할 수 있어요.

화성능행도

　서울에서 수원으로 가기 위해서는 한강을 건너야 해요. 어떻게 건넜을까요? 배들을 가로로 쭉 배치해 두고 그 위에 나무판을 대어 만든 배다리를 이용해서 건넜다고 해요. 정말 놀라운 아이디어이지요? 그 웅장하고 화려했던 행차의 모습을 보고 싶다고요? 서울시, 경기도, 수원시, 화성시가 협력하여 재현하는 축제를 통해 엿볼 수 있어요. 매년 10월이면 화성행궁에서 정조의 효심을 되새길 수 있는 '정조대왕 능행차'가 수원의 대표 지역 행사로 열리고 있어요. 서울

화성능행도

창덕궁에서 출발해 수원을 지나 화성시 융릉까지 총 59km에 걸친 행렬이 거의 완벽하게 재현돼요. 실제로 정조의 수원화성 행차길 중 일부가 현재의 1번 국도가 되었다고 합니다.

책을 사랑한 임금 정조와 책가도

정조는 어려서부터 책 읽기를 무척 좋아했어요. 시간이 날 때마다 독서를 했고, 책을 수집하는 것을 좋아해서 '독서대왕' 또는 '공부의 신'이라고 불렸다고 해요. 그런 정조는 '책가도'라는 그림을 유행시킨 장본인이기도 하지요.

 책가도(冊架圖)는 책을 통해 학문 정치(문치)를 하려는 정조의 구상에 의해 화원에서 제작한 것이 시작일 것으로 추정하고 있는데요. 책가도는 책장 선반에 책과 문방구, 도자기, 청동기, 꽃과 과일 등 다양한 물건이 놓인 모습을 그린 병풍으로, '책거리'라고도 불려요. 조선 후기인 18세기에 귀한 책을 모으고 골동품을 감상하는 취미가 널리 퍼지면서 책가도가 유행하게 되었습니다. 정조의 책가도 사랑은 유별나서 창덕궁 어좌 뒤에 있던 왕의 상징인 일월오봉도를 내리고 대신 책가도 병풍을 걸어 "책과 학문으로 세상을 다스리겠다."는 자신의 뜻을 신하들에게 설명할 정도였대요. 정조의 의지를 담은 책가도 그림은 사대부뿐만 아니라 민가까지 널리 퍼져 오랫동안 인기

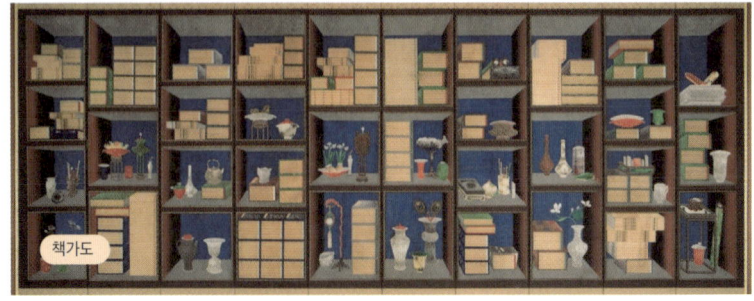
책가도

를 끌었어요.

　독서를 많이 했던 정조는 글씨도 잘 썼어요. 자신의 마음과 생각을 담아 국정 운영은 물론이고 가족과 신하를 위한 많은 글과 글씨를 남겼어요. 돌상에서 돌잡이로 붓과 먹을 들었을 정도로 어려서부터 글씨에 남다른 재능을 보였어요. 사도세자와 혜경궁 홍씨도 글씨에 남다른 솜씨를 갖추고 있었다고 하니 부모의 재능이 아들에게도 고스란히 전해졌나 봅니다.

효성으로 빚어진 왕릉, 융릉

　사도세자와 정조의 무덤이 있는 융릉과 건릉으로 가 볼까요? 융릉은 추존된 장조의황제(사도세자)와 헌경의황후 홍씨(혜경궁 홍씨)를 합장한 능이에요. 합장이란 한 개의 봉분 속에 하나 이상의 시신을 매장하는 것을 뜻하는데 부부일 경우에 주로 합장을 해요.

　사도세자는 죄인의 신분으로 죽었기 때문에 일반 사람들처럼 묘라는 곳에 묻혔어요. 그러나 효심이 지극한 정조가 그냥 두고 볼 수는 없었겠지요. 1789년(정조 13년)에 배봉산에 있던 사도세자를 현재의 자리로 옮기면서 현륭원(顯隆園)으로 이름을 바꾸고 원을 다시 조성했어요. 원은 왕세자나 왕세자비의 묘를 칭하는 말이라 현륭원에서 왕과 왕비의 묘를 칭하는 능으로 승격해 융릉이 되었어요.

사도세자와 혜경궁 홍씨의 무덤, 융릉

　연둣빛 잎들이 돋아나는 4월 초에 가면 입구에서부터 융릉이 있는 곳까지 이어진 길에 진달래가 곳곳에 피어 있어요. 키 크고 품위 있는 소나무들이 양쪽으로 펼쳐져 있어 고즈넉함을 즐기며 산책하기 참 좋습니다. 소나무를 45만 그루나 심었으나 일제 시대 때 많이 베어지고 약탈당하는 바람에 대부분 그 이후에 다시 심은 것이라고 해요.

　융릉 입구에 도착하면 커다란 홍살문이 있고 그 뒤로 능으로 이어진 길이 있는데 향로와 어로로 구분되어 있어요. 가운데 살짝 높여진 향로는 제향 시에 향과 축문을 들고 가는 길이고, 오른쪽에 있

향로와 어로

는 어로는 제향을 드리러 온 왕이 걷는 길이에요.

　융릉을 둘러보고 건릉으로 가는 길을 걷다 보면 길 양쪽으로 벚나무와 비슷해 보이는데 유난히 잎이 예쁘고 연둣빛을 눈부시게 발하는 귀룽나무가 많아요. 팻말에는 '늦봄에 하얀 꽃이 줄줄이 피는 아름드리 큰 나무'라고 써 있어요.

　건릉은 정조가 세상을 떠난 후 현륭원(융릉) 동쪽에 조성되었다가 풍수상으로 좋지 않다고 해 다시 현재의 자리로 옮겨지면서 합장릉이 되었어요. 융릉과 건릉은 좌우로 무인석과 문인석, 석마가 세워져 있는 형태와 구조는 거의 같은데 융릉이 언덕도 더 높고 넓으며 뒤쪽

정조와 효의왕후의 무덤, 건릉

으로 둘러진 병풍석이 있어 좀 더 크고 웅장한 느낌이에요. 이 병풍석에는 화려한 모란과 연꽃 문양이 새겨져 있는데 아버지의 넋을 위로하고자 하는 정조의 효심이 여기서도 드러난 것으로 보여요.

이색적인 박물관의 도시, 수원

수원에는 다양한 박물관이 있어 교육적인 볼거리와 체험할 것이 굉장히 많아요. 그중에서도 이색 박물관에 선정된 4곳이 바로 수원월드컵경기장 축구박물관, 수원화성박물관, 국토지리정보원 국립지도박물관, 그리고 화장실박물관인 해우재예요.

먼저 수원화성에 대해 좀 더 자세히 알아보고 싶다면 수원화성박물관을 둘러보는 것을 추천해요. 화성행궁에서 가까운 거리에 위치하고 있으니 행궁에 온 김에 함께 둘러보면 좋아요. 수원화성을 중심으로 조선을 개혁하고자 했던 정조가 당대의 과학 기술을 총동원하여 성을 짓는 모습과 계획도시로 만들기 위해 노력한 모습들이 전시되어 있어 꼼꼼히 살펴보면 좋아요. 인상 깊었던 기획전은 '독서대왕 정조의 글과 글씨'였어요. 박물관 기획전시 소식을 눈여겨보고 있다가 관심 있는 주제의 전시가 있을 때 들러 보세요.

수원월드컵경기장 축구박물관

수원월드컵경기장 축구박물관은 2002년 한일 월드컵의 성공적인 개최를 기념하기 위해 '월드컵 기념관'으로 개관하였다가 다양한 축구 자료와 전시, 지속적인 발전을 위해 재개관한 곳이에요. 2002년 월드컵의 대표팀 이야기와 히딩크 감독의 사인볼, 축구공 제작 기계, 1882년 한국 최초의 축구화 등을 볼 수 있어요. 월드컵 스타인 박지성 선수가 수원 출신이랍니다. 축구 꿈나무들이 열심히 꿈을 키우는 곳인 박지성 축구 센터도 있고요. 센터 앞 도로 이름이 '박지성 도로'이고, 박지성어린이공원도 있어요.

국토지리정보원 국립지도박물관

국토지리정보원 국립지도박물관은 국토지리 정보의 변천 과정과 측량 및 지도 제작 등의 역사적 유물과 자료를 체계적으로 수집하고 전시 소장, 관리하는 곳이에요. 국내 유일의 지도 박물관이라고 해요. 지도의 기원, 각종 고지도, 김정호의 〈대동여지도〉 등을 볼 수 있는 역사관과 지도 제작 체험장, GIS와 생활, 국토지리정보원이 하는 일 등을 알아볼 수 있는 현대관까지 측량과 지도를 누구라도 쉽게 이해할 수 있도록 잘 구성되어 있어요.

화장실박물관 해우재

수원에는 화장실박물관도 있어요. 화장실박물관은 사찰에서 화장실을 근심을 푸는 곳이라는 의미로 해우소라고 한 것에서 비롯해 근심을 푸는 집이라는 뜻의 '해우재'라는 이름이 붙었어요. 놀라운 사실은 세계 화장실 문화운동이 수원에서 시작되었으며, 세계에서 가장 아름다운 공중화장실이 있는 도시도 수원이래요! 야외 공원에는 옛날에 있었던 다양한 형태의 화장실도 재현되어 있어요. 공원에 들어서면 임금의 휴대용 변기였던 '매화틀', 제주도의 친환경 화장실 '통시 변소', 배설물을 담아 나르던 용기인 '용장군'과 '지게', 변기 위에 앉은 '생각하는 사람', 용변을 보는 어른과 아이의 우스꽝스러운 조형물 등 재미있는 볼거리도 많아요. 해우재 맞은편 해우재문화센터 2층에 위치한 체험관에는 지켜야 할 화장실 에티켓과 내 몸의 건강 지표인 '똥'에 대해 알아볼 수 있는 유익한 내용들도 배울 수 있으니 해우재 박물관에 가 보기를 추천해요.

특별한 체험, 국궁과 어차

즐길 거리로는 연무대에 국궁 체험장이 있어 활쏘기 체험을 할 수 있어요. 그리고 어차를 타고 성곽 주변을 둘러볼 수 있는데 연무대에서 출발하는 코스와 행궁 근처에서 출발하는 코스가 있으니 일정을 고려하여 꼭 어차를 타 보세요. 어차가 중요한 지점을 지날 때마다 자세한 안내 방송이 나와서 수원화성에 대해 더 잘 알 수 있어요. 운전석이 있는 앞차에 연결된 기다란 차량을 끌고 가는 형식인데 비탈길과 좁은 길에서도 오차 없이 운전하는 기사님의 운전 실력에는 절로 감탄이 나온답니다. 왕이 가마를 타고 다녔던 때를 상상하며 어차를 타고 성곽 주변을 둘러 보세요.

최초의 계획도시이자 정조의 도시라고 할 수 있는 수원은 이렇듯 멋진 곳으로 가득합니다. 아름다운 수원화성 나들이를 계획해 보세요.

11

정명섭

서울 정동

대한제국의 역사가 남아 있는 곳으로 떠나는
하루 답사

> **서울 정동 하루 답사 경로**
>
> 덕수궁 ▶ 고종의 길 ▶ 정동길 ▶ 구 러시아공사관
> ▶ 중명전 ▶ 서울시립미술관

궁이 아닌 궁, 덕수궁

지하철 시청역에서 내려 2번 출구로 나가면 바로 만날 수 있는 궁궐이 바로 덕수궁이에요. 덕수궁이 대한제국과 깊은 관련이 있다는 사실을 알고 있나요? 아관파천*을 끝낸 고종이 환궁하면서 대한제국을 선포한 이후, 중심지로 부상한 곳입니다. 하지만 이전에도 덕수궁은 많은 이야기를 품은 장소이기도 했어요. 정확하게는 이름만 궁궐이었을 뿐 원래 궁궐이 아니었어요.

조선 왕실은 장자 상속제를 원칙으로 하고 있었습니다. 하지만 원칙은 원칙일 뿐 여러 이유로 장자가 아닌 다른 자식에게 왕위가 돌

명성왕후가 시해된 을미사변 이후 신변에 위협을 느낀 고종과 왕세자가 약 1년 동안 조선의 왕궁을 떠나 러시아공사관에 거처한 사건을 말해요.

덕수궁 전경

아가곤 했지요. 대표적인 인물이 바로 성종인데요. 수양대군인 세조는 조카인 단종을 밀어내고 왕위를 차지했지만(이에 대해선 1권 '강원 영월' 편을 참조하세요.) 큰아들인 의경세자를 먼저 잃는 아픔을 겪어요. 의경세자는 훗날 인수대비라고 불리는 부인 소혜왕후와의 사이에서 월산대군과 잘산군이라는 두 아들을 있던 상태였죠. 하지만 의경세자가 일찍 사망하면서 두 아들은 어머니와 함께 궁궐 밖으로 나와야만 했어요. 그리고 왕위는 둘째 아들인 해양대군에게 돌아갑니다. 하지만 해양대군 역시 1년 조금 넘게 왕위에 있다가 예종이라는 묘호를 남기고 세상을 떠나게 됩니다. 예종에게는 제안대군이라는 아들이 있었지만 너무 어렸어요. 거기다 가장 나이가 많은 월산대군도 병약하다는 이유로 제외되고 결국 잘산군에게 왕위가 돌아갑니다. 장자 상속이라는 원칙이 연달아 깨진 셈인데요. 그 이유는 바로 잘산군의 장인이 바로 그 유명한 한명회*였기 때문입니다. 세조를 왕위에 올린 공로를 인정받아서 막대한 권력을 가지고 있던 그가 자기 사위를 왕위에 올린 것이죠. 잘산군이 왕위에 오르자 조선에서 가장

조선 세조 때의 문신이에요. 수양대군을 도와 여러 대신을 차례로 죽이고 단종을 몰아내는 데 공을 세워요.

일제 강점기 때 덕수궁의 모습

위태로운 인물이 된 것이 바로 월산대군이었습니다. 왕의 형이라는 어색하기 그지없는 위치에 처했기 때문이죠. 성종이 된 잘산군은 그런 형이 안타까웠는지 한양의 남쪽에 있는 커다란 저택을 하사해요. 저택이긴 하지만 크기는 왕궁에 비해서 꽤 작은 편이었어요. 그래도 왕족이 있는 곳이기 때문에 명례궁이라는 이름이 붙었습니다. 궁이 아닌 궁이었던 셈이죠.

진짜 궁궐이 되어 버렸어요

월산대군은 조심스럽게 살아가다가 30대 중반의 나이로 세상을 떠나고 말아요. 그리고 명례궁은 약 백 년 동안 사람들의 관심 밖으로 사라지게 되죠. 그러다가 다시 역사의 전면에 등장한 것은 임진왜란 때였어요. 한양을 점령한 일본군은 조명연합군의 반격에 남쪽으로 퇴각하게 되었는데요. 그들은 물러나면서 궁궐과 종묘를 파괴하고 불을 질러 버리고 도망치는 만행을 저지릅니다. 쑥대밭이 된 한양으로 돌아온 선조는 당장 머물 곳이 없는 처지가 되었죠. 그래서 월산대군의 저택이었던 명례궁을 사용하게 되어요. 불행 중 다행으로 일본군 장수가 사용하면서 불을 지르지 않았기 때문이었죠. 임금이 임시로 머무는 곳을 행궁이라고 불렀고, 이곳의 지명이 정릉동이라서 정릉동 행궁으로 불려요. 이후 선조가 죽고 광해군이 즉위하면서 경운궁으로 이름이 바뀌어요. 하지만 광해군은 이곳을 쓰지 않고 자신의 새어머니인 인목대비를 가두는 용도로 사용하죠. 그러다 인조반정으로 인해 광해군이 폐위되고 인조가 즉위하는 일이 벌어집니다. 그리고 경운궁은 다시 오랫동안 역사 속으로 사라지고 말아요. 1907년 순종에게 양위한 고종이 머물면서 '덕수궁'이라 부르게 됩니다. 자, 그러면 비운의 궁궐, 덕수궁을 자세히 살펴보아요.

대한문 잡상

대한문

대한문으로 들어가서 금천교를 건너가요!

시청역 2번 출구로 나와서 돌담길을 따라 조금 걸으면 오른쪽에 덕수궁의 정문인 대한문이 나와요. 저렴한 입장료와 서울 한복판이라는 입지 때문에 방문객이 꽤 많은 궁궐이지요. 그리고 시간대에 맞춰 간다면 대한문 앞에서 펼쳐지는 수문장 교대식도 볼 수 있어요. 지금은 월대를 만들어 놔서 약간 올려다봐야 합니다. 입장권을 사고 대한문으로 들어가면 이제 본격적으로 덕수궁을 돌아볼 수 있어요. 하지만 그 전에 먼저 알려 주고 싶은 게 있어요. 아래에서는 보이지 않지만 대한문의 지붕을 옆에서 보면 처마에 흙으로 빚은 인형 같은 것을 볼 수 있어요. 어처구니라고 알려진 잡상인데 궁궐을 나

금천교

쁜 기운으로부터 지켜 주는 주술적인 의미가 있죠. 잡상이 주술적인 의미라면 지붕에 매달린 쇠사슬은 실용적인 의미가 있어요. 이 쇠사슬은 화재가 발생했을 때 불을 끄는 멸화군이 잡고 올라갈 수 있는 일종의 손잡이 역할을 했답니다.

   대한문으로 들어가면 앞에 작은 돌다리가 나와요. 눈썰미가 있다면 덕수궁뿐만 아니라 경복궁과 창덕궁, 그리고 창경궁에서도 이 돌다리와 비슷한 걸 봤을 거예요. 그 돌다리의 이름은 모두 금천교입니다. 이처럼 궁궐마다 돌다리를 만든 이유는 바로 아래 흐르는 인공 하천 때문인데요. 지금의 궁궐은 관광객들의 것이지만 예전에는 임금과 왕족, 그리고 그들을 모시는 수백 명의 내시와 궁녀들이 머

기념품 가게와 호수

물던 곳입니다. 따라서 엄청난 양의 물이 필요해서 궁궐 안에 인공 하천을 만들어야만 했어요. 그리고 《조선왕조실록》의 기록을 보면 하나의 경계선 역할도 한 거 같아요. 일반인이 궁궐을 침입하는 일은 당연히 사형에 처할 중죄입니다. 그런데 단순히 궁문을 들어온 정도라면 어느 정도 사정을 봐주기도 했는데요. 하지만 금천교를 넘어서는 건 그 어떤 사정도 봐주지 않았어요. 그러니까 금천교는 궁궐과 외부 세계의 실질적인 경계선이기도 한 셈이죠. 보통 덕수궁에 오면 금천교를 지나 직진해서 중화전 방향으로 향해요.

하지만 항상 다른 길을 좋아하는 저는 금천교 앞에서 오른쪽으로 발걸음을 돌려요. 그러면 작고 아담한 한옥 건물이 나오는데요.

바로 돌담길이라는 기념품 가게 겸 카페입니다. 그곳 뒤쪽으로 돌아가면 작은 인공 섬이 있는 호수가 나와요. 사실 이곳이 바로 덕수궁에서 계절의 변화를 잘 알 수 있는 곳이죠. 단풍이 지는 가을은 물론이고, 푸르름이 한창 피어나는 여름을 가장 먼저 느낄 수 있는 장소입니다. 호수 건너편에 있는 돌계단을 오르면 둥근 벤치와 나무들이 있는 작은 공원 같은 곳이 나오는데요. 이곳은 거의 사람이 없기 때문에 조용히 얘기를 나누거나 자연을 느끼기 좋은 곳이죠. 담장 밖의 도로에서 들려오는 빵빵거리는 소리가 가끔 방해가 되긴 하지만요.

이곳에서 다시 왼쪽의 함녕전 방향으로 들어서 모서리를 지나치면 덕수궁의 뒤쪽 정원 공간이 나와요. 담장 너머에는 대한성공회 서울 주교좌 성당의 주황색 지붕과 첨탑이 살짝 삐져 나와 있는 게 보이는데요. 돌계단이나 경사로를 택해서 올라가면 다른 궁궐에서는 볼 수 없는 괴상한 건물과 만나게 돼요. 돌로 쌓은 기단 위에 기둥과 건물은 한 발자국 뒤로 물러나 있고, 나무 기둥들이 앞으로 나온 처마를 떠받치고 있어요. 기둥과 베란다의 난간에는 온갖 화려한 조각들이 장식되어 있지만 깔끔한 한옥의 처마와 난간에 비하면 어지럽기 짝이 없죠. 게다가 처마를 받드는 얇은 나무 기둥에 비해 우람한 벽돌 기둥이 안쪽에 한 줄 더 있어서 애매한 느낌을 지울 수 없

정관헌

죠. 대체 이 건물의 정체는 무엇일까요? 이 건물은 19세기 후반에서 20세기 초반 러시아의 건축가인 사바틴이 설계한 정관헌이라는 건물입니다. 요란한 외형과는 달리 조용히 내다본다는 뜻을 지니고 있죠. 이곳은 고종이 커피를 즐기던 장소로 알려져 있는데요. 그러고 보니 정관헌이라는 이름이 딱 어울린다고 생각됩니다. 실록에는 역대 임금들의 초상화인 어진을 보관하는 장소로 나와 있지만 지금의 형태로 봐서는 가능성이 없어요. 그러니까 어진을 임시로 보관했든지 이름이 같은 다른 건물일 가능성이 높다고 추측됩니다.

우리는 덕수궁을 비롯해서 궁궐이나 옛날 건물을 대개 앞에서 바라보기만 하잖아요. 하지만 그러면 건물에 대한 정확한 용도를 알 수 없어요. 정관헌이 대표적인데 계단 아래에서 바라보기만 하면 이곳에서 고종이 왜 커피를 즐겼는지 알 수 없을 거예요. 계단 끝까지 올라가서 돌아보면 야트막한 언덕에 있고 주변에 다른 건물들이 없어서 시야가 탁 트여 있다는 걸 알 수 있어요. 그러니까 정관헌은 덕수궁 안에서 커피를 즐기기 딱 좋은 장소라고 할 수 있죠. 그러니 정관헌에 가면 멀찍이 서서 사진만 찍지 말고 계단을 올라가 주변을 바라보는 걸 추천합니다. 이제 정관헌 왼쪽의 작은 문으로 발걸음을 옮겨 볼까요? 그곳을 지나면 왼쪽에 단청이 없는 2층 전각인 석어당을 만날 수 있는데요. 계속 직진하면 깊은 산속에서나 볼 수 있는 작은 오솔길을 만날 수 있어요. 참, 오른쪽 영국대사관이 있는 담장 쪽에는 나무 데크로 만든 보행로가 있어요. 덕수궁을 한 바퀴 돌 수 있는 길인데 영국대사관에 막힌 상태라서 덕수궁 안쪽으로 길을 만든 것이랍니다.

돌로 만든 집이 있어요

오솔길을 조금 걷다 보면 왼쪽으로 샛길이 나와요. 샛길로 내려오면 준명당과 즉조당의 뒤쪽으로 나올 수 있어요. 우리는 대부분 건물을 볼 때 앞부분만 보고 지나치잖아요. 하지만 한옥은 뒷부분도 예뻐요. 또한 전통 건축에서 정원은 뒤쪽에 있죠. 그러니까 한옥, 특히 궁궐에서는 전각의 뒤편도 자세히 살펴봐야 한답니다. 왜 그래야만 하는지 가장 잘 보여 주는 장소가 바로 이곳인데요. 준명당과 즉조당이 요즘 고층 빌딩에서 자주 볼 수 있는 공중통로 비슷한 복도로 연결된 것을 볼 수 있기 때문이죠. 정면에서도 볼 수 있지만 뒤쪽에서 보면 빛과 어둠이 묘하게 공존하는 모습을 볼 수 있어요. 그리고 준명당과 즉조당 뒤쪽으로 좀 떨어진 곳에 벽돌로 만든 굴뚝이 자리 잡은 걸 볼 수 있어요. 우리가 흔히 볼 수 있는 한옥의 낮거나 얇은 굴뚝이 아니라 높이 치솟은 기둥 같은 형태인데요. 벽돌로 만들었고, 연기가 나오는 윗부분은 작은 집이 얹어져 있어요. 궁궐에서만 볼 수 있는 굴뚝이니까 이곳 역시 꼭 사진으로 남겨 놓으세요. 그리고 고개를 들어서 준명당의 모서리 처마를 아래에서 위로 바라보

준명당과 즉조당

면 화려한 단청의 처마와 푸른 하늘이 얼마나 잘 어울리는지 느낄 수 있어요. 사진을 찍고 고개를 옆으로 돌려 볼까요? 거대한 파르테논 신전 같은 것을 볼 수 있는데 바로 석조전이라는 이름의 건물이에요. 이제 석조전과 만나기 위해 발걸음을 옮겨 볼까요?

  석조전은 돌로 만든 집이라는 뜻인데요. 가까이서 보면 왜 그런 이름을 지었는지 어렵지 않게 알 수 있어요. 석조전은 18세기 유럽의 신고전주의 양식으로 지어진 건물이에요. 완공된 후에는 황제가 된 고종이 머물면서 국정을 운영할 예정이었죠. 우리나라 전통 건축에서는 임금이 국정을 살피는 정전과 편전, 그리고 일상 생활을 하는 침전이 나뉘어 있어요. 보통 앞쪽에서부터 정전과 편전, 침전이 배치되는 형태인데요. 하지만 석조전은 1층에 회의실과 접견실을 두고 2층에 침실을 뒀어요. 정전과 편전, 침전의 역할을 모두 한 건물에서 할 수 있는 것이죠. 외부는 그리스의 신전 형태에서 가져왔는데 조선인들의 눈에는 하늘 높이 치솟은 건물과 그걸 지탱하는 기둥, 그리고 곳곳에 자리 잡은 상징들이 굉장히 낯설어 보였을 겁니다. 그런데 왜 이런 낯선 건물을 궁궐 안에 지었을까요? 그것은 고종이 대한제국의 앞날이 서양에 있다고 믿었기 때문인데요. 그런 이유로 서양과 교류하고, 어떻게든 그들의 눈높이에 맞추기 위해서 석조전을 짓기로 결심했던 것이죠. 지붕의 삼각형으로 된 박공에는 대한제국의 상

덕수궁의 정전 중화전을 찾아라!

중화전은 어떤 행사를 하던 곳일까요?

중화전 앞뜰에서는 공식적인 조정회의나 기타 국가적인 의식이 있을 때 문무 백관들의 조회가 열렸습니다. 덕수궁(경운궁)의 정전은 즉조당(卽祚堂)이었는데, 고종이 대한제국의 황제가 되면서 1902년 즉조당 앞에 새로 중층 건물을 지어 중화전이라 하였습니다. 덕수궁(경운궁) 중화전은 고종황제가 덕수궁(경운궁)에 재위하는 동안 정전으로 사용하였던 건물로, 광무 8년(1904) 함녕전에서 시작된 화재로 소실된 후 1906년 단층 전각으로 중건되었습니다.

중화전과 중화문

징인 오얏꽃이 조각되어 있고, 기둥과 천정이 만나는 곳은 사람들이 찜질방에서 하는 양머리 모양으로 되어 있어요. 이오니아 양식인데 서양 건축의 뿌리가 그리스와 로마에서 시작되었다는 것을 알 수 있는 부분이죠. 사전에 덕수궁 홈페이지에 들어가 신청하면 내부 관람을 할 수 있는데요. 신청이 쉽진 않지만 꼭 보기를 추천합니다. 화려한 내부와 함께 2층 테라스에서 덕수궁을 내려다볼 수 있기 때문인데요. 내부를 황금과 대리석으로 치장했는데 이 공간을 짓기 위해 들어간 시간과 돈을 떠올리면 씁쓸한 생각마저 들어요. 석조전 건축은 영국인들이 시작했지만 시간이 지나면서 차츰 일본인들이 공사에 관여했는데요. 10여 년 간의 기나긴 공사 끝에 완공되었지만 정작 대한제국은 사라지고 말았답니다.

석조전과 우리의 역사는 놀랍도록 닮았어요

석조전이 겪은 일들은 아픔과 상처가 가득한 우리의 근대사와 비슷해요. 나라를 통치하기 위해 만들었지만 정작 나라가 사라져 버린 상황에서 고종은 석조전을 외면하고 말죠. 그곳을 볼 때마다 빼앗긴 나라가 떠오르기 때문이었을까요? 헤이그특사사건[●]으로 인해 일본의 강압으로 왕위에서 쫓겨난 고종은 덕수궁으로 이름이 바뀐 경운궁에 머물렀어요. 그리고 억지로 왕위를 물려받은 순종은 창덕궁에

석조전 외부

서 지내게 되었죠. 그 와중에 대한제국이 멸망하고, 고종이 승하하면서 일본은 이곳을 이왕가 미술관으로 만들어 버려요. 그리고 일본인들이 만든 작품들을 전시하게 되죠. 그리고 광복 후에는 귀국한 임시정부를 환영하는 대회가 열렸고, 미소 공동위원회의 회의 장소로 사용되어요. UN 한국위원단의 회의 장소로 자주 사용되었다가 한국 전쟁 때 크게 부서지고 말아요. 전쟁이 끝나고, 수리를 마친 후

1907년 고종이 네덜란드 헤이그에서 개최된 제2회 만국평화회의에 특사를 파견해 을사조약의 불법성을 알리려 한 사건을 말해요.

석조전 내부

에는 국립박물관과 국립현대미술관으로 사용되죠. 지금도 계단 아래 지하층에는 그때의 문화재를 보관하던 수장고가 남아 있어요. 그리고 2009년부터 복원 작업이 시작되어요. 다른 용도로 사용되면서 내부가 많이 변했기 때문에 5년이라는 기나긴 시간에 걸쳐서 복원을 했고, 2014년에 복원 작업이 끝나고 '석조전 대한제국 역사관'으로 탈바꿈하게 되죠. 이곳 가구의 위치는 당시 가구를 제작했던 회사의 설명서에 나와 있어 그걸 바탕으로 복원했어요. 그래서인지 처음 완공되었을 때의 모습과 비슷하게 복원되어 있어요. 금박을 입힌 벽면은 굉장히 화려했고, 서양식으로 꾸며진 침실과 서재도 눈길을 끌었죠. 그러니까 오랫동안 상처를 입고 버려졌다가 원래의 모습을 찾은 것이죠.

정동을 함께 걸어 봐요

석조전을 돌아보고 나오면 뒤쪽 언덕에 새로 복원된 돈덕전이 있습니다. 돈덕전을 돌아보고 정동을 걸어 볼게요. 석조전 뒤쪽의 평성문으로 나와서 오른쪽의 오르막길을 걷다 보면 왼쪽에 사라진 돈덕전을 복원해 놨는데요. 석조전의 평평함과는 다르게 뾰족한 첨탑과 경사진 지붕을 가진 돈덕전은 대한제국의 마지막 황제인 순종의 즉위식이 열린 장소입니다. 일제 강점기에 접어들면서 언제 없어졌는지 모르게 사라졌다가 최근에 복원되었답니다. 오르막길의 왼쪽에는 높은 담장이 보이는데 이곳이 바로 하비브 하우스라 부르는 미국 대사관저랍니다. 조금 더 걷다 보면 왼쪽에 작은 문이 보이는데 바로 2018년에 문을 연 고종의 길입니다. 원래는 덕수궁과 경희궁을 연결하는 길이었는데 미국 대사관저가 들어오면서 폐쇄되었다가 다시 개방되었어요. 언론이나 SNS에서는 자꾸 아관파천 때 고종이 러시아 공사관으로 탈출한 길이라고 일컫는데, 이건 잘못된 정보입니다. 고종은 경복궁에서 탈출했고 아관파천 이후 경운궁으로 환궁했기 때문에 이 길로 오지 않았어요. 지금 선원전 복원을 위해서 가림막이 설치되어 있는데 가림막 너머에 낡은 집이 하나 보일 겁니다. 바로 조선저축은행의 중역 사택으로 일본에서 건너온 고위 임직원이 살던 사택이에요. 남의 나라 궁궐 자리에 자기네 은행 임직원이 머물

집을 지은 것인데 뒤쪽에는 동양척식주식회사 직원들의 사택도 있었답니다. 좁은 고종의 길의 끝자락까지 걸어 보면 예전 러시아공사관이 있던 정동공원으로 나오게 됩니다.

　1895년 일본은 낭인들을 동원해서 경복궁을 습격하는 을미사변을 일으킵니다. 자신에게 사사건건 반기를 들던 중전 민씨를 참혹하게 살해하고, 고종을 유폐시킨 뒤에 친일파들을 동원해서 조정을 장악하죠. 생명의 위협을 느낀 고종은 1896년, 귀인 엄씨의 도움으로 러시아공사관으로 탈출하는 일에 성공하는데요. 당시 러시아를 아라사라고 불렀기 때문에 러시아공사관을 줄여서 아관이라고 불렀어요. 임금이 왕궁을 떠나 피난을 가는 것을 몽진 혹은 파천이라고 불렀기 때문에 이 사건을 아관파천이라고 부르게 된 겁니다. 그곳으로 피신한 고종은 일 년 동안 머물다가 지금의 덕수궁인 경운궁으로 환궁하면서 대한제국을 선포합니다. 왕궁이 아닌 왕족이 머물던 덕수궁은 임진왜란으로 인해 잠시 궁궐이 되었다가 다시 역사의 뒤편으로 사라졌었는데요. 다시 불사조처럼 부활해서 대한제국의 중심지로서 짧고 굵은 전성기를 누립니다. 고종이 경복궁으로 돌아가지 않은 이유는 무엇일까요? 청일전쟁이 시작되었을 때 일본군의 공격을 받은 적이 있고, 부인인 중전 민씨가 죽은 장소라서 꺼렸던 거 같아요. 반면, 덕수궁은 상대적으로 크기가 작아서 수비하기 쉬운 데다가 결정적으로 바로 옆 정동에 외국 공사관과 교회, 학교들이 즐비했어요. 일본 역시 서양을 상대하기 버거웠기 때문에 공사관이 빙 둘러싸여 있는 덕수궁을 직접적으로 노리지 못할 것이라는 계산을 한 것이죠. 이 계산은 적중해서 다시는 일본군이 궁궐을 침략하지는 못했답니다.

대한제국의 외국인 거리, 정동

정동에 외국인들이 모여서 지낸 이유는 무엇이었을까요? 그건 지금의 인천인 제물포 때문이었어요. 그 시절에는 한양에 오기 위해서는 배를 타고 와 제물포에 내려서 지금의 경인고속도로를 따라서 서대문으로 들어와야만 했는데요. 낯선 외국에 온 사람들은 자연스럽

정동길

게 모여 살게 되었어요. 주로 서대문 근처의 정동에 외국인들이 모여 살았고, 공사관과 교회, 학교들이 들어서면서 일종의 외국인 거주지처럼 되어 버린 것이죠. 그런 흔적들은 지금도 많이 남아 있어요. 대표적인 장소가 바로 아관파천의 무대인 정동공원이랍니다. 공원의 상징은 언덕 위에 우뚝 솟은 탑인데요. 원래는 러시아공사관 본관에 딸려 있었어요. 하지만 한국 전쟁을 겪으면서 러시아공사관 본관이 파괴되면서 지금은 탑만 남은 것이죠. 현재는 높은 빌딩과 학교에 둘러싸인 작은 규모지만 공원에 전시된 예전 사진을 보면 하얀색 건물과 탑이 언덕 위에 우뚝 솟은 걸 볼 수 있어요.

러시아공사관

한때, 대한제국에 막대한 영향을 미쳤던 러시아 제국의 흔적이 아주 작게 남은 셈이죠. 공원의 벤치에서 지친 다리를 쉬다 보면 어디선가 불어오는 바람이 몸과 마음을 시원하게 해 주는데요. 휴식을 취한 뒤에는 정동으로 가는 내리막길을 걸어 보는 걸 추천 드려요. 내리막길 끝에는 이화여자고등학교의 작은 문이 반겨 주고 있어요. 가을에 노란색 은행나무 잎이 하늘을 가득 덮을 때가 있는데 아름다운 모습에 발걸음이 멈출 거예요. 내리막길을 다 내려오면 오른쪽과 왼쪽으로 나뉘는 갈림길이 있는데요. 오른쪽의 야트막한 오르막길에는 국토발전전시관과 예전 돈의문이 있던 강북삼성병원 사거리가 있고, 그 건너편에 백범 김구가 암살당한 경교장과 돈의문박물관 마을이 있어요. 왼쪽으로는 중명전과 정동제일교회, 그리고 서울시립미술관이 있고. 둘 다 볼 거리가 많지만 일단 정동을 걸을 수 있는 왼쪽으로 발걸음을 돌려 볼게요.

정동을 걷다 보면 시간이 느릿느릿 흘러간다는 느낌을 받아요. 아마 오래된 건물 때문인 거 같아요. 속도가 진리이자 미덕인 세상에서 정동은 타임머신 같은 역할을 하는 것 같아요. 왼쪽으로 발걸음을 돌리자마자 이화여자고등학교와 만나게 될 것입니다. 정문 안쪽 주차장 옆에는 작은 표지석이 있는데 바로 손탁호텔이 있던 자리를 가리켜요. 손탁 여사가 운영하던 손탁호텔은 근대사에 많은 이정표를 남긴 곳이랍니다. 최근에 설명하는 표지판을 세워 뒀으니까 걸음을 멈추고 살펴 보세요. 쭉 내려가서 예원학교를 지나면 바로 붉은색 벽돌로 된 4층 건물과 만날 거예요. 안내판에는 신아일보 별관으로 되어 있지만 식민지 조선의 미싱기 시장을 장악했던 싱거 미싱사의 경성 지점이기도 했어요. 원래 2층이었는데 신아일보가 인수한 후에 4층으로 증축했는데, 현재 등록문화재로 지정되어 있어요. 카페와 음식점들이 어깨를 나란히 하는 거리를 걷다 보면 국립정동극장이 나옵니다. 그 옆으로 작은 골목길이 나오는데 안쪽으로 가면 중명전이 우리를 기다리고 있어요.

중명전은 우리 역사의 어둠과 빛이 만나는 곳이에요

중명전은 바로 을사늑약*이 체결된 장소랍니다. 안에 들어가면 당시 상황을 그대로 재현해 놓은 실물 크기의 마네킹들을 볼 수 있어요. 그리고 벽에는 을사늑약 조약문이 있는데 너무 간략해서 놀라는 사람들이 많아요. 나라의 힘이 없어지면 이렇게 짧은 문구로 주

1905년 일본이 대한제국을 강압해 체결한 조약이에요. 외교권 박탈과 통감부 설치를 주요 내용으로 합니다.

권을 빼앗기고 만다는 사실을 잘 보여 주고 있죠. 다른 전시 공간에는 경운궁의 원래 크기를 알 수 있는 모형과 대한제국 시대를 보여 주는 전시물들이 있어요. 그리고 헤이그 특사 관련 내용들이 전시되어 있답니다. 일본의 만행을 규탄하기 위해 머나먼 길을 떠났던 특사들의 이야기를 보고 있으면 마음에서 을사늑약이라는 어두운 역사의 그림자가 사라지는 걸 느낄 수 있을 겁니다. 중명전을 나와 왼쪽으로 걸으면 로터리가 나와요. 왼쪽의 오르막길은 아까 나온 평성문이 있는 곳이고, 오른쪽은 배재학당역사박물관으로 올라가는 길입니다. 우리가 가야 할 길은 정면 오른쪽의 작은 오르막길이니까 헷

중명전

중명전 내부

갈리지 마세요. 구불구불한 오르막길을 오르면 서울시립미술관이자 이전에 대검찰청이었던 건물이 나오는데요. 노란색 스크래치 타일과 길쭉한 창문이 있는 밋밋한 느낌의 벽면과 회색의 거대한 세 개의 문이 있는 입구가 보일 거예요. 지금은 미술관이지만 이곳은 법과 관련이 깊은 곳인데요. 미술관 이전에는 대법원이 있었고, 일제 강점기에는 독립운동가들을 재판하던 경성고등법원, 그리고 대한제국 시기에는 최고법원인 평리원이 있었습니다. 헤이그 특사로 활약한 이준이 평리원 검사로 재직한 곳이기도 해요. 안에 있는 미술관을 돌아보는 것도 추천합니다. 저는 이곳에 오면 항상 가 보는 곳이 있는데 바로 세 개의 문이 있는 입구의 왼쪽입니다. 포치라고 부르는 지붕이 있는 입구의 양쪽은 마차나 자동차가 올라갈 수 있도록 경사로가 있어요. 그리고 그 경사로와 건물 사이에는 한 사람이 겨우 들어갈 만한 좁은 틈이 있는데 거기에 경성고등법원 시절의 정초석이 남아 있어요.

서울시립미술관 정초석

　정초라는 글자를 제외하고는 아주 희미해서 알아볼 수 없지만 조선총독부의 제2대 총독인 사이토 마코토의 이름이 새겨져 있어요. 이런 정초석은 한말과 일제 강점기에 지어진 조선은행과 경성역에도 남아 있는데 그곳에는 원래 이토 히로부미의 이름이 적혀 있었죠. 저는 이곳에서 늘 같이 온 사람들에게 질문하곤 해요. 우리의 아픈 흔적을 분명하게 남겨 놓을지 아니면 없애 버릴지 말이죠. 대답은 제각각입니다. 파괴해서 나쁜 기억을 없애자는 쪽도 있고, 잘 보존해서 아픈 역사를 돌이켜 봐야 한다는 의견도 있어요. 시험에는 정답이 있지만 역사에는 정답이 없습니다. 하지만 지나간 역사에서 우리가 무엇을 배워야 하는지는 분명해요. 아픈 역사를 보면 더더욱 그런 생각들을 하게 되는데 그런 면에서 덕수궁과 정동은 반드시 돌아봐야 하는 장소라고 할 수 있어요

12
손자영

전북 군산

수탈의 아픈 역사를 간직한 곳으로 떠나는
하루 답사

군산 하루 답사 경로

내항 ▶ 군산세관 ▶ 근대역사박물관 ▶ 진포해양테마공원 ▶ 미즈 카페와 갤러리
▶ 신흥동 일본 주택 ▶ 동국사 ▶ 이영춘 가옥 ▶ 시마타니 금고

군산의 아픈 역사 속 이야기를 찾아 떠나요

전라도를 아시나요? 우리나라 왼쪽 아랫부분에 자리하고 있는 전라남도와 전라북도를 합쳐 부르는 말이에요. 전라도 지방은 호남평야와 나주평야 등 평야가 발달해 있어서 옛부터 우리나라에서 쌀이 가장 많이 생산되는 곳이었어요. 평야도 넓고 날씨도 따뜻해서 농사가 잘되어 우리나라의 곡식 창고 역할을 했지요.

군산은 '아픈 역사를 지닌 도시', '근대 역사와 현대가 공존하는 곳', '근대의 타임캡슐', '시간 여행자의 도시' 등 별명이 참 많은 도시예요. 일제 강점기를 비롯한 근대 역사를 대표하며 아픈 역사와 이야기를 많이 담고 있어 얻게 된 별명들이지요. 서울에서도 먼 군산이 어쩌다 역사의 소용돌이 속 중심이 되었을까요?

군산에 관한 이야기는 바로 그 궁금점에서 시작해 보려 해요.

원래 군산은 지금의 위치에 있지 않았대요. 군산 앞바다에는 고

군산 내항 전경

군산도가 있는데, 고려 때는 수군 기지를 둔 군산진이라 했어요. 군인들이 언제든지 적과 싸울 수 있도록 장비를 갖추고 부대를 배치해 두던 곳이었지요. 세종 때 군산진을 육지로 옮기면서, 지금의 군산이 되었어요. 금강과 바다가 만나는 곳에 위치한 군산은 한적한 어촌 마을이었는데, 중종 7년에 조세와 공물을 보관했다가 서울로 보내는 군산창이라는 커다란 곡식 창고가 생겼어요. 조선 시대에는 세금을 돈 대신 쌀로 냈어요. 백성에게 거두어 들인 세금을 도성으로 운반하려면 조운선이라는 배를 이용해야 했고, 바로 이런 쌀을 모아둔 창고가 바로 군산창이지요. 서울로 올라가는 길목에 잠시 지나쳐 가는 정도였던 군산이 큰 항구 도시가 된 때는 1899년! 조용하던 군산이 크게 바뀌게 돼요.

원래 조선은 외국과 교류를 금지하는 쇄국 정책을 펼쳤어요. 일본에 의해 강제로 몇 개의 항구들을 개항하게 되는데 그중 하나가 군산이었어요. 왜 군산이었을까요?

앞에서 이야기했던 바로 그 이유. 금강이 바로 옆에 있어서 육지로 배가 드나들 수 있고, 전라도 지역의 곡식들을 모을 수 있는 가장 적당한 위치였기 때문이에요. 쇄국 정책을 펼치던 대한제국이 군산을 개항했을 때는 여러 외국인들이 오길 기대했지만, 실질적으로 그럴 만큼 매력이 있던 곳이 아니었기에 주로 일본인들만 가득했어요.

그런데 일본 사람들은 왜 많이 들어온 걸까요? 일본인들로 인해 우리나라에는 어떤 변화가 생겼을까요? 시대의 흐름 속에 변해 갈 수밖에 없었던 군산의 모습을 만나러 가요.

내항 바닷길을 따라 빼앗김의 역사도 시작되어요

개항이 결정되고, 열린 뱃길을 따라 군산도 근대 도시로 첫발을 떼게 되지요. 섬나라 일본은 본국에 쌀이 많이 부족했기 때문에 우리나라에서 수입해 메우려는 목적으로 몰려 왔어요. 일본은 식민지 조선에서 쌀을 빼앗아 일본으로 실어 내기 편하도록 군산을 대규모 항구 도시로 변화시키기 시작했어요.

지금 군산 앞바다에 가면 이 말이 참 의아하게 들릴지도 몰라요. 지금은 토사가 많이 흘러 들어오고 외항이 설치된 이후로 거의 항구로서의 기능을 잃은 지 오래거든요. 내항 앞으로 가면 아스팔트 도로를 주의 깊게 봐야 해요. 검은 아스팔트 길 위를 자세히 보면 두 선이 항구 쪽으로 가로질러 가는 게 보일 거예요. 이것은 옛날 철로인데, 없애지 않고 살리면서 그 위에 도로를 설치했기 때문이지요. 왜 철로가 설치되어 있을까요?

일제는 쌀을 편하게 거래하고 여러 물자를 원활히 이동시키기 위해서 항구와 이어지도록 터널, 거리, 철도를 계획해 만들었어요. 먼

내항

철길

해망굴

저 쌀을 실은 열차가 군산항까지 바로 연결되도록 철도를 만들었어요. 그리고 1908년에는 우리나라 최초로 전군가도라는 포장도로도 만들지요. 또한 일본은 조금이라도 더 빠르게 이동하기 위해 자연 훼손도 서슴치 않으며 터널도 뚫었어요. 그 터널 중 하나가 한국 전쟁 때 활용되었던 해망굴이에요.

이렇듯 평범했던 어촌 마을 군산은 단숨에 교통의 요지이자 큰 도시로 성장하게 되지요. 조선인들을 이용하여 도로와 철도를 건설한 후, 일본은 자기 나라 국민들을 조선에 이주시키고 군산 땅에 일본인들의 진출을 장려하는 정책도 적극적으로 펼쳤대요.

당시 일본의 농림 수산부 역할을 하던 곳의 〈농업경영지침서〉를 보면, "망망한 전주 평원의 5만 석이 내다보이는 곳이 1단보에 4원 ~5원이니 더 말하여 무엇하랴. 한국에 이주하라. 한국에 이주할지어

도시와 도시를 연결하는 도로를 찾아라!

전군가도란 어떤 도시와 어떤 도시를 연결하는 도로일까요?

전주와 군산을 연결하는 도로로 1908년에 우리나라 최초로 만들어진 포장도로예요. 전라도 각지에서 모은 쌀을 빠르게 군산으로 옮기기 위해 만들어졌지요. 당시 소달구지로 이동하던 조선인에게는 필요 없는 포장된 도로가 오직 일본인을 위해 만들어 진 거지요.

다."라고 권유했다는 문서도 있어요. 일본에 비해 땅값이 10분의 1 혹은 30분의 1 정도에 지나지 않는 한국의 땅값은 일본인들의 투자 심리를 부추기기 충분했어요.

처음 군산은 일제가 인구 5만을 목표로 개발한 항구 도시였으나, 물자가 모이면서 10만 명이 넘는 대규모 무역 도시로 성장했어요. 금강에서 흘러오는 흙이 쌓여서 큰 배가 정박하기 쉽지 않으니 갯벌과 갈대밭을 메우는 공사를 해 새로운 땅으로 만들었어요. 일본인들의 입맛에 맞게 거리는 일본식으로 바뀌며 신도시가 만들어졌어요. 군산은 일제가 식민지 조선에 만든 '작은 일본'이 되었어요.

내항에 최신 공법으로 뜬 다리를 만들었어요

밀물과 썰물 때 수면의 높이가 많이 다른 서해의 특성을 가진 군산 내항에 가면 꼭 봐야 할 문화재가 있어요. 물이 빠지고 남은 갯벌에 커다란 시멘트 기둥과 그곳에 연결된 다리가 있어요. 항구 밖으로 연결된 그 다리가 바로 꼭 봐야 할 문화재예요. 바닷물의 염분을 견디며 긴 세월을 버텨 내 지금은 세월의 흔적이 가득하지만, 옛날에는 6기나 있었다고 해요. 지금은 3개밖에 없는 이 다리의 이름은 부잔교, 일명 뜬 다리라고 해요.

서해의 특성상 밀물과 썰물의 높이가 많이 달라 쌀을 싣는 데 불

부잔교(뜬 다리)

편함이 있었어요. 그래서 물이 높아지면 같이 올라가고 낮아지면 내려가는 방식의 뜬 다리를 만들었어요. 이 다리 덕분에 군산 내항에는 3천 톤의 배 3척을 동시에 댈 수 있을 정도였다고 하니 얼마나 많은 최신 공법들을 다 합쳐서 만든 결과물인지 알 수 있지요.

부잔교에 올라가면 잠시 바람에 몸을 맡겨 보세요. 다리가 위아래로 흔들리는 걸 느낄 수 있을 거예요. 일제 강점기에는 뜬 다리로 쌀을 내어 가고, 태평양 전쟁 때는 군수 물자를 공급했던 순간을 상상해 보세요. 일본은 여기에서 멈추지 않고 쌀을 더 많이 가져가기 위해 더 많은 배들이 쌀을 실을 수 있도록 군산항을 늘리는 증축 공사를 시작했어요. 조선인은 낮에는 농사짓고, 밤에는 농사지은 쌀을 담아 일본으로 내어 가기 위해 가마니 짜는 생활을 했어요. 내항 부두에 지게를 이용해 쌀을 내려놓고, 힘을 써야 하는 노동도 모두 조선인의 몫이었다고 해요. 이 증축 공사를 도맡은 것은 우리 농민이었고요. 이렇게 부지런히 일을 했지만 농민들의 삶은 갈수록 피폐해졌어요. 당시 우리 농민들의 좌절과 슬픔이 정말 컸겠지요?

세 개의 첨탑이 인상적인 군산세관으로 가요

내항 앞 도로의 이름은 바다를 바라본다는 뜻을 가진 해망로예요. 해망로 서쪽 끄트머리에는 지붕 위 3개의 뾰족한 첨탑이 인상적인 건물이 있어요. 또한 붉은 벽돌과 파란 문이 대조적이어서 더욱 눈길이 머무는 이곳은 대한제국(순종 2년 6월) 때에 만들어진 군산세관이에요. 전하는 말에 따르면 1908년에 프랑스 사람 혹은 독일 사람이 설계하고 벨기에에서 붉은 벽돌과 건축 자재를 수입하여 건축했다고 해요. 유럽의 건축 양식을 합쳐서 만든 일본 건축물로 서울역, 한국은행 본점과 함께 3대 서양 고전주의 건물을 대표하는 곳이지요.

외관이 이색적인 이곳은 무슨 일을 하던 곳일까요? 이곳에서는 항만 유지 관리, 외국산 수입품에 대한 부과 징수, 수탈한 물건을 반출하는 일을 했대요. 지금의 인천공항에서 하는 세관과 같은 일들을 했다고 생각하면 조금 이해가 쉬울지도 몰라요.

한때는 일본으로 나가기 전에 쌓아 놓은 쌀 창고에다 무역을 담당한 이곳이 지금은 호남관세전시관으로 사용중이에요. 군산세관 검역대를 몰래 통과하려다 적발된 세관 유물, 시대별 다양한 밀수품 항목을 전시하고 있어요. 지금의 밀수품과 그 당시 밀수품을 비교해 가며 시대의 흐름을 살펴보는 재미도 있어요. 알아 놓으면 좋을 세관 이야기, 군산세관장 사무실을 끝으로 군산세관의 전시물을 구경하고 뒤편으로 돌아 입구와 다른 문으로 나와 보세요.

군산세관

세관 창고가 카페가 되었어요.

군산세관을 돌아 나오면 군산 창고로 쓰이던 건물이 있어요. 근대 이후 가장 오래된 건축물로 115년이라는 세월을 지나 구 세관 창고 건물을 개조하여 쓰고 있는 '정담'이라는 카페 겸 인문학 창고예요. 겉모습은 오래되었지만, 안에 들어가면 여러 종류의 책을 읽을 수 있는 공간과 먹방이라는 캐릭터로 꾸며진 캐릭터 가게가 눈에 보일 거예요.

여러분은 고종이 커피를 사랑했던 것 알고 있나요? 즐거운 여행

군산의 캐릭터를 찾아라!

왜 캐릭터 이름이 먹방이일까요?

1900년대 초 군산세관사로 부임한 프랑스인 '라포트'의 애완견 프렌치 불독을 주인공으로 하여 군산에 도착하였던 다양한 인종들을 그 나라 대표 강아지들로 캐릭터화한 애니메이션이 있어요. 바로 '먹방이와 친구들'
이라는 캐릭터지요. 라포트의 애완견 프렌치 불독을 처음 본 조선 사람들은 불독의 코가 마치 돼지코를 닮았다 하여 먹성 좋은 개 '먹방이'라 불렀대요. 바로 이 먹방이에서 시작된 '먹방이와 친구들'은 근대 시기 군산에 머물렀던 다양한 민족들을 시바이(일본), 차이(중국), 코카이(미국), 삽살이(한국)에 비유하였어요. '먹방이와 친구들'은 군산의 아픈 과거를 기억하고, 군산을 다시는 아픔이 없는 동북아 평화의 도시로 만들어 간다는 이야기를 가지고 있어요. 먹방이 옆으로 자리한 캐릭터의 순서가 과거 군산 땅에 자리하게 되었던 민족의 순서라고 하는데, 우리 땅 군산에 우리나라 대표 개인 삽살이가 가장 나중에 자리 잡은 이유를 생각해 보길 바라요.

길에 빠질 수 없는 것이 먹거리죠. 고종 황제가 즐겨 마셨다는 가베와 함께 이곳에서만 맛볼 수 있는 먹방이라는 캐릭터 빵세트를 추천하고 싶어요. 여러 민족이 드나들던 세관에 어울리는 카페이니 꼭 한번 들러 보세요. 카페를 나오면 군산세관을 거쳐 나와 내항 동쪽 방향으로 걸어가 보아요.

군산의 근대역사박물관을 만나요

군산세관에서 동쪽 방향으로 향하자마자 만나는 연두색 지붕을 한 특이한 건물을 만날 수 있어요. 군산근대역사박물관이에요. 박물관 입구 왼쪽에는 커다란 어청도 등대가 눈에 띄어요. 이 등대는 1912년 3월에 대륙 진출의 야망을 가진 일본의 정치적인 목적에 의해 건설되었고 군산항과 우리나라 서해안의 남북항로를 오가는 모든 선박들이 이용하는 중요한 등대이지요.

중앙홀의 대형 스크린으로는 군산의 근대 역사와 관련한 영상을 볼 수 있어요. 1층 해양물류역사관에서는 쌀을 날랐던 조운선

어청도 등대 모형

모형과 유물을 비롯하여 조선 시대 군산창에 대한 설명과 근대로 오면서 개항을 비롯한 군산의 변화 모습을 담은 영상관이 있어요. 2층 독립 영웅관은 군산 출신 독립운동가 114명의 유물을 전시하고 있어요. 3층 근대생활관은 증기 기관차 영상을 입구에 배치하고 그 문을 통해 아이들과 근대 거리와 문화를 체험할 수 있도록 잘 꾸며져 있어요. 일제 시대 군산의 각종 상점과 쌀을 사고 팔던 곳, 내항 모형을

근대역사박물관 내부

비롯하여 쌀을 골라 볼 수 있는 체험, 지게를 메어 보고 탁본을 할 수 있는 체험 공간이 있어요.

세관 앞을 지나 근대역사박물관을 지나 쭉 뻗은 해망로를 따라 걷다 보면 여러 개의 일제 시대 건물들이 보여요. 이제 이 건물들을 살펴봐요.

근대미술관이 된 나가사키 18은행

조선인의 땅을 빼앗을 계획을 촘촘히 세운 일본은 조선인에게 돈을 빌려 주고 담보로 토지를 요구했어요. 일본인에게는 아주 싼 이자로 빌려 주고, 일본인은 이 돈을 다시 조선인에게 비싼 이자를 받고 꿔 주는 식이었지요. 이런 경제적 수탈의 중심이 된 곳이 바로 이곳이에요. 지금은 군산근대미술관으로 쓰이는 구 나가사키 18은행 군산 지점이에요. 일본은 국립은행을 허가받은 순서대로 번호를 붙였는데 '나가사키 18은행'은 나가사키에 본점을 둔 18번째 국립은행이라는 뜻이에요.

이 건물은 영업장으로 사용된 본관과 숙직실 등이 있는 부속 건물, 금고로 사용된 창고의 3개 동으로 되어 있어요. 보통 은행 건물은 영업장과 사무실, 금고가 한 건물에 자리 잡도록 설계되는데 이곳은 특이하게 본관과 별채들은 바짝 붙여 짧은 통로로 연결되어요.

전시관에는 영업장으로 쓴 단층과 지점장실 위쪽으로 복층형 구조를 볼 수 있어요. 근대미술관으로 쓰이는 영업장을 지나 지점장실 앞에는 일제 시대 과거의 모습을 가벽을 세워 사진을 전시하고 있어요.

필요한 양을 정해서 빼앗아 가는 것을 강제 공출이라고 하는데, 조선인들의 쌀을 빼앗아 피죽도 못 먹고 나무껍질로 연명하게 하는 것도 부족해 제사를 위해 남겨 둔 놋그릇마저 자신들의 전쟁 무기를 만들기 위해 빼앗아 갔었지요. '구리나 철을 남기는 것은 부끄러움을 남긴다. 결전 아래 금속류 공출을 앞장서서 실행하자'는 표어 아래 자랑스럽게 서 있는 금속류 공출식 일본인들과 위안부의 사진들은 꼭 보고 지나갔으면 해요.

지점장실과 영업장으로 쓰인 이곳에는 은행의 핵심인 금고가 없어요. 영업장을 나오면 전체 건물은 목조인데 유독 벽돌로 튼튼하게 쌓고, 팔뚝만큼 콘크리트 벽으로 둘러싸인 은행 금고가 짧은 통로로 연결되어 있지요. 굵은 콘크리트 사이 철창 너머로 보이는 금고가 있어요. 과거가 아닌 2013년 리모델링 후에 적어 놓은 것이라고 하지만, 금고 내벽에 큼지막하게 "이 금고가 채워지기까지 우리 민족은 헐벗고 굶주려야 했다."라고 새겨져 있어요.

금고를 끼고 돌면 조그만 공간을 가진 부속 건물로 이어져요. 안

나가사키 은행

중근 의사를 위한 전시 공간이 준비되어 있지요. 1층에는 조마리아 여사의 편지와 함께 안중근 의사와 독립운동을 함께 했던 분들의 모습이 전시되어 있어요. 삐걱거리는 나무 계단을 올라 복층에 오르면, 일본이 우리에게 한 15개의 죄목이 적힌 글귀와 함께 안중근 의사가 있었던 뤼순 감옥을 재현해 놓았어요.

나가사키 은행 내부

근대건축관이 된 조선은행 군산 지점

근대미술관의 반대편에는 뾰족한 지붕을 한 벽돌 건물이 보여요. 제 18은행처럼 일본상인들에게 특혜를 주던 또다른 금융 기관의 하나였던 조선은행이에요. 1990년대 조선 총독부를 무너뜨리고 일제 잔재의 역사들을 다 무너뜨리는 데 여념이 없던 때가 있었어요. 그 당시 노래방, 나이트클럽 등으로 쓰였기에 무너지지 않고 살아남은 이 건물은 지금은 복원되어 근대 건축 모형 및 역사 관련 자료 등의 전시장으로 활용되고 있어요.

앞서 본 나가사키 18은행과 비교하면 조선은행은 금고가 건물 안에 자리 잡고 있다는 점과 좀 더 우리가 알고 있는 은행의 모습과 닮아 있어 조금 익숙할지도 몰라요. 로비 공간, 금고실, 지점장실, 응접실로 나뉜 여러 공간들이 있어요. 로비 공간 바닥에는 넓은 스크린과 예전 건물의 기둥을 탄소섬유로 보강하여 싸 놓은 아크릴이 보여요. 금고실을 비롯한 여러 공간에는 당시 조선은행과 화폐, 경술 국치의 역사, 독립군 처형하는 일본군의 모습, 핍박받던 군산 농민의 모습까지 일제 강점기 시대상이 드러난 사진과 실물 자료가 전시되어 있어요. 2층에 올라가면 'ㅁ'자 형태의 복층 구조로 내부 전체가 한눈에 들어오도록 되어 있어요. 근대건축관의 특색을 살려 일제 강점기 건축물들의 특성을 설명해 놓기도 하고 근대건축관의 복원 기

근대건축관

근대건축관 내부

록도 상세히 남아 있어요. 또한 구 18은행, 조선은행 군산 지점의 원래 모습, 이영춘 가옥 등 당시 군산의 주거 형태를 엿볼 수 있는 모형들이 많아요.

일본인의 구둣발에 채여 가면서 쌀가마니를 옮기고 있는 '터의 기억을 살피다'-조선은행이 관망하던 그때의 군산 이야기- 모형을 보며 그 당시의 힘듦을 간접 경험하고 계단을 내려오면 근대건축관 출구가 나와요. 무거운 마음으로 문을 열고 나오면 거대한 흑칠판이 보여요. "Before I die…" "죽기 전에 나는…"이라는 한 번쯤 생각해봐야 하는 질문을 제시하고 있지요. 잠시의 고민 끝에 그 아래 흑판 속에 담긴 평범한 소원들을 읽고 있노라면 현재에 새삼 감사하게 되어요.

진포대첩을 기리는 진포해양테마공원

조선은행을 나와 그대로 군산 앞바다를 바라보면 오른쪽에 커다란 배가 정박해 있는 것을 볼 수 있어요. 군산 앞바다는 고려 시대 때로 거슬러 올라가 진포라는 이름으로 불릴 때가 있었어요. 1380년 고려 수군이 군산 앞바다에 정박한 왜선을 격파한 진포대첩이 있던 역사의 현장이지요. 최무선이 화포로 왜구를 물리쳤던 진포대첩의 의의를 기리는 뜻에서 조성한 해양공원이 바로 이곳이에요. 2차 세계 대전에 이어 월남전에 참전한 뒤 2006년에 퇴역한 위봉함을 시작으로 각종 전차와 군용기, 탱크, 기관포 차 등이 전시되어 있어요. 위봉함과 근대미술관, 근대건축관, 근대역사박물관, 금강권 전시장을 하나의 입장권으로 다 돌아볼 수 있어 더욱 좋아요.

미즈 카페와 미즈 갤러리

진포해양테마공원을 등지고 왔던 길을 되돌아보면 아까 들러보지 못하고 지나온 일제 시대 지은 듯한 건물이 모여 있는 것이 보여요. 근대역사박물관을 중심으로 입구에서 보면 왼쪽에 위치해 있지요. 일제 강점기에는 내항을 중심으로 여러 나라 외국인들이 오가며 거주하기도 하여 무역 회사와 상업 시설이 발전했대요. '미즈 카페'는 무역 회사 건물이던 일본식 건축물을 개조해서 만든 카페로 지금은 카페테리아 근대 문화 소통 공간으로 사용되고 있어요. 2층은 다다미방으로 구성되어 다리를 편히 뻗고 누울 수도 있는 공간을 가

미즈 갤러리

미즈 카페 외부

미즈 카페 내부

진 이색적인 공간이지요. 미즈 카페 앞 징검다리처럼 놓인 돌들을 건너면 바로 앞에 지붕이 매우 높은 장미 갤러리가 있어요. 과거 이곳에서는 쌀을 보관하기 위해서 지붕이 높은 건데, 현재 1층은 문화 예술 체험 교육장으로 활용되고 2층은 갤러리로 조성되어 지역 문화 예술인의 창작 공간으로 쓰이고 있대요.

일제 시대 일본인이 지은 이 건물들은 섬나라여서 빨리 빗물을 흘러 내렸어야 하는 목조 건물의 특성을 살려 처마가 매우 급하게 지어져 있어 더욱 이질적인 느낌이 들지요.

군산 내항이 위치한 동네의 이름은 장미동이에요. 장미라는 이름이 근대 이름치고 참 세련되고 예쁘다는 생각이 들지 않나요? 사실 이 장미라는 말은 붉은색 장미가 아니라, 장미(藏米)! 우리 농민들에게 수탈한 바로 그 '쌀을 저장하는 곳'이라는 뜻이고 장미동에 쌀 창고가 많았기 때문에 붙은 이름이라고 해요.

신흥동 가옥을 통해 볼 수 있는 일본의 전통 주택

일본식 가옥 그대로인 미즈 카페를 보았으니 진짜 일본식 가옥으로 구경을 가 볼까요?

일본인 유입 정책이 성공적이었는지 군산에 정착하는 일본인이 계속해서 늘어났대요. 1920년대 군산 인구 1만 4,000여 명 가운데

60%는 한국인이고 일본인이 40% 정도였다고 해요. 일본인들이 늘어나자 조선 총독부는 내항 건너편을 시가지로 개발하기 시작했대요. 도로를 만들고, 주거지와 상점을 오밀조밀 조성하다 보니 거리는 바둑판 모양으로 만들어졌지요. 그곳에 살던 조선인들은 어떻게 되었을까요?

  조선인들은 외곽으로 밀려나요. 새로 만들어진 거리에는 일본식 지명이 붙고, 거리는 커지고 건물은 계속 늘어나지요. 그렇게 군산은 작은 일본이 되어 갔어요. 일본이 전쟁에서 망하자 모든 재산을 한국에 남겨 놓은 채 일본으로 돌아가는데, 그들이 이곳 조선에 쌓아 놓았던 재산은 모두 주인을 잃었지요. 주인이 없어 국가의 소유가 된 것을 귀속 재산 또는 적의 재산으로 남겨진 가옥이라 하여 '적산가옥'이라고 불리게 되었어요. 대표적인 적산가옥을 소개해 볼게요.

  군산세관에서 쭈욱 이어진 근대 문화재들을 등지고 앞쪽으로 쭈욱 뻗은 길을 따라 걸어가다 보면, 일본인들이 남긴 집들이 간간이 보이는 거리를 만날 수 있어요. 그중 붉은 벽돌로 둘러진 담벼락이 눈에 띄는 집이 보여요.

  일본인 고급 주택가였던 신흥동에 지어진 이 집은 일본산 삼나무를 써서 일본식으로 건축되었는데 2층 본채와 비스듬히 붙은 1층 객실채, 뒷마당으로는 2층짜리 별채가 더 있어요. 습기에 강한 일본 삼나무로 지어졌고, 다다미방의 장식 공간(도코노마)이나 수납 공간(오시이레) 등 일본 특유의 주택 양식을 보여 주지요. 이 가옥은 곳곳에 보이는 일본과 한국의 문화적 차이를 비교하며 보는 재미가 있어요. 집을 둘러보다 보면 창문이 많은데, 문에 창호지를 문살 바깥에 붙였어요. 10년 전쯤엔 내부도 볼 수 있었는데 지금은 못 들어가 아쉬워요. 그래도 유리 창문에 바짝 붙어서 보면 다다미방도 보이고 하나의 방은 온돌로 만들어져 일본식에 한옥의 주거 문화를 받아들인 흔적도 볼 수 있어요.

정원은 전형적인 일본식 정원으로 꾸며져 있어요. 우리나라는 문

신흥동 일본식 가옥

을 열고 들어가면 바로 마당이 보이지요? 일본은 우리나라와 다르게 개인 공간을 중시하였대요. 그래서 문을 열고 돌아서 들어가야만 정원을 맞이할 수 있지요. 또 우리나라의 마당은 자연을 바라볼 수 있는 곳에 집을 지어 자연 속에 들어가는 느낌이 나지요? 일본인들은 모두 다 자신의 뜰 안으로 가져와 자연을 눈앞에 펼쳐 둔 느낌이 나도록 만들었다고 해요. 밖에서 가져온 우리나라의 석등을 비롯한 석조물들을 전시품처럼 놔두고 지금은 말라 버린 연못을 만들어 집 안에 작은 자연을 만든 것이 바로 그런 이유지요.

히로쓰라는 일본인이 이 집을 지을 때, 아들딸들이 결혼할 때를

신흥동 일본식 가옥

신흥동 일본식 가옥

대비해 후손 대대로 살기 위해 터를 넓게 잡고 세심하게 신경 써서 건축했대요. 해방이 되자 일본으로 돌아가야 했고 들고 있던 가방마저 부산항에서 잃어버린 채 귀국했다는 이야기가 전해져요. '히로쓰 가옥'은 영화 〈장군의 아들〉, 〈바람의 파이터〉, 〈타짜〉의 촬영지가 되면서 더욱 유명해졌어요.

신흥동 일본식 가옥에서 멀지 않은 거리에 상당한 수의 근대 유산이 남아 있으니 그 당시 신시가지를 느껴보고 싶다면 주변의 건축물도 꼭 들러 보세요.

일본식 사찰, 동국사로 가요

히로쓰 가옥을 비롯한 일본의 전통 주택 양식을 구경하다 보면 어느덧 시가지의 끝에 다다를 거예요. 큰 도로를 건너 조금만 골목으로 들어와 언덕길을 지나면, 동국사라는 절을 만날 수 있어요. 동국사는 일본식 사찰이에요.

늘 대륙 진출을 꿈꿔 왔던 일본의 목표는 만주 지역까지 진출하는 것이었대요. 만주 지역으로 가는 길에 조선이 있었고, 조선은 대륙 진출의 야망을 실현하기 위해 가장 먼저 점령해야 하는 나라였지요. 그래서 일본은 조선을 식민 지배하게 되었어요. 갑자기 일본식 사찰을 이야기하다가 왜 일본의 야욕을 이야기하냐고요?

일본 불교는 조선과 대륙 침략을 정당화하고 미화하는 정신적 기둥 역할을 했기 때문이지요. 군산이 개항하고 도시가 조성된 후 우치다 붓칸이라는 일본 노승이 군산에 금강선사라는 포교당을 차렸대요. 금강사는 조선 농민을 수탈해 부를 쌓은 일본인들에게 거액의 시주를 받아 성장했는데, 절터 역시 일본인 부자로부터 기부를 받아 현재의 자리에 금강사라는 절을 세웠어요. 그리고 일본인들이 점점 그 세력을 뻗치고 풍요로워지기만을 빌었죠. 그럼 언제 금강사에서 동국사로 이름이 바뀌었을까요?

해방 후, 전남 종무원장 신동오 스님이 인수한 뒤 전북 종무원장

김남곡 스님이 절 이름을 금강사에서 동국사로 바꾸었어요. 자신의 나라만을 위해 세워진 일본 절인 금강사에는 일본인들의 유골과 일본군 위패가 있었대요. 본당 뒤에 붙어 있던 납골당을 해체하여 일본인들의 유골은 바다에 뿌려졌어요. 어느 스님이 대웅전 귀퉁이의 금도금 용머리 장식을 도끼로 부숴 버렸다거나 절 입구 대리석에 새겨진 '소화'라는 일본 연호도 파낸 흔적도 있어요. 얼마나 일본인들을 미워했으면 그랬을까요? 1995년 조선총독부 건물이 헐릴 당시 일본식 사찰인 동국사 대웅전도 철거될 위기가 있었대요. 하지만 선운사의 관리를 받는 조계종의 재산이라 헐리지는 않았다고 해요.

동국사는 국내에 남아 있는 유일한 일본식 사찰이에요. 목재도 일본 삼나무이고 대들보만 백두산에서 가져온 금강송을 썼대요. 사찰 뒤의 대나무도 일본 소나무를 가져와 심었고, 사찰 앞 종도 교토에서 만든 종을 들여와 종각을 지었어요. 종 자체로부터 소리가 울려 나오는 한국의 종과 달리 매달린 종 아래 항아리를 묻어 울림통 역할을 하도록 했어요. 종의 몸통에는 일왕을 칭송하는 내용이 음각되어 있다고 해요.

동국사에는 한국 절과 다른 이색적인 요소가 많아 찾아보는 재미가 있어요. 사찰 지붕의 기울기가 매우 경사지고 대웅전과 스님이 머무는 공간인 요사채가 붙어 있는 구조예요. 우리나라의 절에서 보이

동국사

는 색깔이 예쁜 단청이 없는 단순한 처마와 창문이 많은 외벽, 옆으로 밀고 닫는 미닫이 문도 좀 색다르지요. 미닫이 문을 열고 들어가면 신발을 벗고 단을 올라가야 불전으로 들어갈 수 있는 구조와 예배당에서 볼 수 있는 의자가 놓여 있는 생소한 풍경도 있어요. 이렇게 낯선 대웅전 내부에는 한국의 보물인 소조여래삼존상을 부처님으로 모셔 두고 있어 이 또한 쉽게 접할 수 없는 볼거리지요.

동국사를 떠나기 전 꼭 들르고 가야 할 의미 있는 건조물이 동국사 종각 옆에 자리하고 있어요. 일본 조동종의 참회문을 담은 비문과 평화의 소녀상이에요. 일본이라는 나라는 일제 강점기에 우리나라에 자행했던 일들에 대해 정식으로 사과를 하지 않았는데, 일본 종교 단체인 조동종은 1993년 과거 침략에 앞장섰던 조동종의 과오를 인정하는 '참사문'을 발표했었죠.

"우리 조동종은 메이지 유신 이후 태평양 전쟁 패전에 이르기까지 동아시아를 중심으로 아시아 전역에서 해외 포교라는 미명 하에 당시의 정치 권력이 자행한 아시아 지배 야욕에 가담하거나 영합하여 수많은 아시아인의 인권을 침해해 왔다." (…) "우리는 맹세한다. 두 번 다시 잘못을 범하지 않겠다고. 사람은 누구든지 다른 사람에게 침범을 당하거나 박해를 받아서는 안 된다. 사람은 누구도 대신할 수 없는 존재로 이 세상에 존재하기 때문이다." (…)

참사문과 평화의 소녀상

검은 비문 가득 새겨진 말 중 몇 구절만 뽑아 옮겨 보았어요. 건립 비용은 이치노헤 쇼코 스님의 주도로 일본 불교계가 모금했다고 해요. 이 비문은 미안하다는 단순한 한마디가 아닌 자국이 무엇을 어떻게 잘못했는지를 조목조목 따져 마음으로 사과하는 것이 느껴져요. 사과는 이렇게 하는 것이지요. 비문을 다 읽고 나면, 더 잘 보이는 위치에 옮겨 놓고 싶기도 하고, 이 참회와 사죄의 글을 국가가 아닌 일본 종교 단체가 했다는 것이 아쉽기도 할 거예요. 그리고 그 앞에는 이 참회문을 꼭 들어야만 하는 대상일지도 모르는 평화의 소녀상이 자리잡고 있어요. 이 자리에 자리 잡는 과정이 쉽지만은 않았다고 하지만, 전국에서 11번째이자 전라북도에서는 처음으로 세워진 평화의 소녀상이에요. 광복 70주년을 기념하여 검은색 타일 77장을 사용해 대한해협과 거울을 상징하는 연못을 소녀상 앞에 함께 조성해 놨어요.

한국의 슈바이처, 이영춘 가옥으로 가요

여러분은 슈바이처를 아시나요? 의사로서 정해지다시피 한 부귀영화를 버리고 아프리카로 가서 봉사하는 삶을 살았던 의사지요. 일제 시대에 한국의 슈바이처로 칭송받는 이가 있었어요. 그와 관련된 문화재를 만나려면 조금 외곽으로 빠져 군산간호대학교로 향해야 해요.

　군산간호대학교 캠퍼스 안에는 영화나 드라마 촬영 장소가 되기도 했던 은행나무가 멋진 마당을 가진 독특한 양식의 건축물이 있어요. 서구식, 일식, 한식 건축 양식이 섞여 지어진 이곳은 한국의 슈바이처로 불리던 이영춘 박사가 거주하던 곳이에요.

　이 가옥을 보기 전에 먼저 구마모토 농장에 대해 알아야 해요. 구마모토는 대학생일 때 군산에 와서 여의도 13배에 달하는 농장을 소유했을 정도로 개인으로서는 조선 최대의 농장주였어요. 군산 옥구, 김제, 정읍 등지에 천만 평에 달하는 농장을 소유하고, 직원만 해도 50명에 달하고 소작인은 3천 세대, 2만여 명을 거느릴 정도의 대지주였지요. 일제 강점기는 변변한 의료 시설이 없어 가난을 대표한다는 기생충, 폐결핵, 매독 등을 비롯한 다양한 질병이 널리 퍼져 많은 소작인이 병으로 사망했어요. 구마모토는 고민 끝에 자체 진료소인 자혜진료소를 만들기로 하고 진료소장으로 이영춘 박사를 초빙하지요. 이영춘 박사는 교토대학에서 의학 박사 학위를 받아 조선인 교수 밑에서 연구한 최초의 의학 박사예요. 구마모토 농장에 설치되었던 자혜진료소는 당시 구마모토 농장 소속 소작인뿐 아니라, 다른 농장의 소작인들에게도 드물게 진료의 기회를 주기도 했대요. 각 농장마다 주 1회씩 출장 진료를 하고 자체적으로 질병 치료를 했다고

이영춘 가옥

해요. 실제 첫 해 환자가 7천 명에 이르렀다 하니 근대 농촌 진료의 시작이라 할 수 있지요.

구마모토가 진료소를 개설한 목적은 무엇이었을까요? 소작인들의 건강을 위해서였을까요? 조선인들이 농사일에 전념할 수 있게 하여 생산량을 늘리기 위해서였을까요? 이유는 아무도 확신할 수 없지만, 구마모토 농장 진료소가 당시 농민들에게 큰 의지가 되었을 거라는 것만은 사실이었지요.

구마모토는 가을이 되면 쌀을 거두기 위해 도쿄에서 군산으로 왔어요. 그때 머물기 위해 농장 안에 자신의 별장을 지었는데, 그 별장이 바로 이곳이지요. 천연 슬레이트 지붕과 백두산 낙엽송으로 마감한 서구식 외관과 거실에는 외국에서 수입한 샹들리에, 헤링본 무늬 바닥의 서구식 주택 응접실, 한식 주택의 온돌방을 결합한 단층을 지녔지요. 고급스러움이 묻어나는 진한 월넛색의 내부 구조와 고종황제 일가가 사용한 가죽 의자가 옛 모습을 간직하고 있어요. 이 저택을 지을 때, 조선총독부 관저와 비슷한 건축비를 썼다고 전해지는 걸 보면 그 당시 구마모토의 영향력을 짐작할 수 있어요.

구마모토는 해방 후 수많은 재산을 남기고 본국으로 떠나요. 광복 후에는 구마모토 농장의 진료소장을 지냈던 이영춘(李永春, 1903~1980) 박사가 이곳에 거주하며 병원, 학교, 영아원 등 의료 사회 복지 시설을 세우지요. 국내 처음으로 양호실을 만들고 농민 의료보험도 도입했으며, 치료보다 예방에 중점을 두어 농촌 보건위생의 선구자 역할을 했기에 '한국의 슈바이처'로 불렸어요. 이 박사는 평생 이 집에서 머물렀기에 '이영춘 가옥'으로 불리며 지금은 군산시가 관리하면서 이영춘의 삶과 일상, 업적 등을 전시하는 이영춘박사기념전시관으로 사용되고 있어요.

시마타니 금고를 찾아서 발산초등학교로 가요

 군산 최고의 농장주는 구마모토 농장의 주인 구마모토였어요. 그리고 군산의 마지막 농장주는 시마타니 야소야라고 해요. 구마모토를 만났으니, 이번에는 시마타니를 만나 볼까요?

 그는 문화재 수집광에다 군산, 익산 등지에 140여 만 평 땅을 가진 농장주로 흉년 때도 풍년과 똑같은 소작료를 걷던 악랄한 사람이었어요. 땅과 쌀을 빼앗고, 빼앗은 쌀을 판 돈으로 문화재를 수집했어요. 자신의 농장 야외에 석조물 문화재를 가져다 놓고 불법적으로 얻은 수많은 문화재들을 수집했대요. 그러다 실내에 보관해야 할 예술품과 땅문서, 현금을 위해 건물 하나를 통째로 보관 금고로 만들었어요. 반지하와 지상 1층, 그리고 2층까지 계단으로 이어진 일체형 구조의 건물이었어요. 금고의 앞쪽 문은 Made in U.S.A가 선명하게 찍힌 두꺼운 파란색 철문으로 되어 있고, 층마다 철로 만든 창문이 있어요. 금고 내부는

시마타니 금고

바닥재와 천정이 목재로 되어 있고, 콘크리트로 둘러싸여 있어요. 지하에는 옷감과 음식류를 보관하고 1층에는 농장의 중요 서류와 현금, 2층에는 한국의 고미술품들을 다수 소장했대요.

해방 후 시마타니는 자신의 농장을 지키기 위해서 미군정청에 한국인으로 귀화를 신청했고 다른 일본인이 떠난 후에도 끝까지 귀국을 거부했어요. 그 덕분에 그는 군산의 마지막 일본인 농장주라는 별명을 얻게 되었지만, 결국 그도 손가방 2개만을 지닌 채 부산항에서 마지막 귀국선을 타야 했대요. 그때 그는 무슨 생각을 했을까요?

발산리 유적

시마타니가 돌아간 후, 그의 광활한 토지와 문화재는 국가에 귀속되었어요. 일본으로 갔을지도 모를 문화재가 우리 땅에 남게 되었지요. 금고에 있던 문화재는 국립중앙박물관에 이관되고, 석조물은 발산초등학교 뒤편에 모아졌어요. 소중한 우리의 문화재들이 자신의 본래 이름도 시대도 고향도 제대로 모르고 원래 자리를 벗어나 번호로 매겨진 채 말이죠.

왜 하필 학교 뒤편이었을까요?

광복 후 학교를 세우려다 보니 적당한 터가 없었대요. 고민 끝에 생각한 곳이 일본인 소유의 농장이었지요. 벼를 건조하던 곳이 현재의 운동장이 되었고, 창고 자리에는 교실이 들어섰지요. 시마타니 야소야의 공간은 이제 우리나라를 빛낼 인재들을 만드는 교육의 장소로 쓰이고 있어요.

군산에 오면 이것만은 꼭 맛보고 가세요.

전라북도 군산을 대표하는 소설가 채만식은 《탁류(濁流)》라는 소설에서 전라북도 군산의 거리에 대해 다음과 같이 묘사했어요.

"미두장은 군산의 심장이요, 전주통(全州通)이니 본정통(本町通)이니 해안통(海岸通)이니 하는 폭넓은 길들은 대동맥이다. 이 대동맥 군데군데는 심장 가까이, 여러 은행들이 서로 호응하듯 옹위하고 있고 심장 바로 전후좌우에는 중매점(仲買店)들이 전화줄로 거미줄을 쳐 놓고 앉아 있다."

군산 내항을 향해 뻗은 철길과 바닷길, 도로의 구성을 핏줄과 심장에 비유하고 쌀을 심장과 핏줄을 타고 흐르는 피에 비유한 문장이에요. 우리가 쭉 다녀왔던 길을 이보다 더 잘 표현할 수 있을까요?

개항을 맞이하면서 조용하던 어촌 마을에서 최대의 항구 도시가 되었고, 다시 조용한 소도시가 되면서 군산은 참 많은 변화를 겪었지요. 여러 문화가 바닷길을 따라 들어와 정착했던 도시, 군산에서

유명한 음식이 무엇일까요? 많은 먹거리 중 두 가지만 꼽아 추천해 보려 해요. 첫 번째는 짬뽕이에요. 짬뽕의 거리라고 특화된 동네도 있지요. 상당히 중국스러운 내부 인테리어와 문화재로 등록된 곳부터 군산에서 가장 유명한 3대 짬뽕집이 있으니, 짬뽕과 물짜장을 맛보길 추천해요. 두 번째는 빵이에요. 대한민국에서 가장 오래된 빵집인 이성당에 들러 보세요. 대한민국 3대 빵집인 이곳에서 단팥빵과 야채빵을 기념 삼아 사 가길 추천해 봐요. 항상 줄이 길지만, 즐거운 여행길에 기다림도 즐거움이 될지 모르잖아요?

빈해원 내부

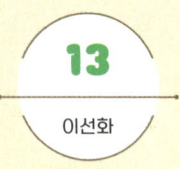

13
이선화

인천 차이나타운

개항의 역사, 한국 속의 중국으로 떠나는
하루 답사

인천 차이나타운 하루 답사 경로

짜장면박물관 ▶ 각국 조계표지석 ▶ 카페 팟알 ▶ 대불호텔전시관 ▶ 인천개항박물관 ▶ 인천 개항장 근대건축전시관 ▶ 한국근대문학관 ▶ 제물포구락부 ▶ 자유공원 ▶ 홍예문

경인선의 종착역, 인천역에서 중국을 체험해요

우리나라에서 중국을 여행하는 것 같은 착각이 드는 장소가 있어요. 바로 인천역 앞에 있는 차이나타운이에요. '차이나타운'은 중국인들이 자기 나라가 아닌 다른 나라 도시에서 모여 사는 지역을 의미해요.

인천 차이나타운은 1883년 인천항이 외국 강대국에 의해 개항된 뒤, 1884년에 인천 중구 북성동과 선린동 일대를 청나라가 청의 치외법권 지역으로 지정하면서 만들어졌어요. 치외법권이란 외국인이 자신이 체류하고 있는 국가의 국내법을 적용받지 않고 자기 국가의 주권을 행사할 수 있는 권리를 말해요. 즉, 조선에 살면서 조선의 법에 따라 사는 것이 아니라, 청나라 법을 적용하여 자신들의 주권을 행사하면서 사는 거예요.

과거에는 중국에서 수입된 물품을 파는 상점이 대부분이었지만,

인천 차이나타운

현재는 중국 음식점, 중국 제과점, 짜장면박물관, 삼국지 벽화거리 등 먹거리와 볼거리를 즐길 수 있는 공간이 되었답니다. 자, 그럼 중국 문화를 체험하러 인천 차이나타운으로 떠나 볼까요?

제1패루, 중화가를 통과해 중국인들의 거리로 들어가요

인천 차이나타운에는 중국의 상징물인 패루가 4개 있어요. 패루는 마을 입구나 대로, 무덤이나 공원 어귀에 세우던 문을 말해요. 제1패루는 중화가, 제2패루는 인화문, 제3패루는 선린문, 제4패루는 한중문이에요. 인천역 횡단보도 건너편에 1패루 중화가가 우뚝 서 있답니다. 정교하고 아름다운 건축 장식이 눈길을 사로잡아요. 패루에는 귀신을 쫓고 상가가 번영하길 바라는 마음이 담겨 있답니다.

패루를 통과하면 차이나타운 거리가 시작됩니다. 이곳에는 중국식 근대 건물이 줄지어 있어요. 중국 근대 건물은 2층으로 지어지는데 1층은 상점이고 2층은 살림집으로 사용했어요. 차이나타운 거리 곳곳에 중국 의상 치파오를 입은 상인들, 중국 문화를 나타내는 붉은색 간판과 등이 걸려 있죠. 가로등도 중국을 대표하는 색인 **빨간색과 금색**으로 꾸며져 있는데, 하늘로 날아오르는 용의 조각이 인상적이랍니다. 거리를 거닐다 보면 차이나타운의 대표 음식인 짜장면과 공갈빵, 월병, 중국차도 맛볼 수 있어요.

짜장면 박사가 되고 싶다면 짜장면박물관으로 오세요

 세상에 짜장면박물관이 있다는 걸 알고 있나요? 차이나타운에는 맛있는 짜장면이 어떻게 만들어졌는지 알 수 있는 짜장면박물관이 있어요. 1890년대 전후 인천의 부둣가에는 외국과의 무역으로 배에서 내린 물건을 나르는 짐꾼과 인력거꾼이 많았답니다. 대부분 중국 산둥 지방 출신의 노동자인 쿨리였죠. 이들은 춘장에 수타면을 비벼 간편하게 만들어 먹곤 했는데 이 음식이 바로 짜장면의 시작입니다.

 짜장면에 대한 모든 것을 담고 있는 짜장면박물관은 화강암 석축 위에 벽돌을 쌓아 올린 2층 벽돌조 양식의 옛 공화춘 건물을 리모델링하여 운영하고 있어요. 이곳은 화교의 생활 모습을 담고 있는 근대 문화 유산으로, 국가등록 문화재 제246호로 보존하고 있지요.

 짜장면박물관의 이전 모습인 '공화춘'을 알기 위해서는 먼 과거로 거슬러 올라가 '산동회관'부터 살펴보아야 해요. 산동회관은 중국인 전용 주거지인 청국 조계지에 자리 잡은 음식점과 호텔을 혼합한 숙식 업소였어요. 1911년 산둥성 출신의 화교 '우희광'이라는 사람이 지금의 위치로 이전하여 개업했고, 이듬해 중화민국의 수립을 기념하며 '공화국의 봄'이라는 뜻을 담아 '공화춘'으로 이름을 바꾸었죠. 이곳은 일제 강점기 이후, 인천과 서울 지역 상류층이 이용하는 최고급 식당이었어요. 그 명성이 70년 동안 이어지다가 한국 전쟁 이

짜장면박물관

인천 차이나타운

후에는 우리가 좋아하는 지금의 짜장면과 같은 대중적인 음식을 선보였답니다.

　연안부두에 새롭게 건물을 지으면서 인천역 일대는 쇠락의 길로 접어들었어요. 공화춘도 1983년 영업을 중단했고, 2012년부터 공화춘 건물은 짜장면박물관으로 새로 단장했지요.

　박물관은 2층을 먼저 본 뒤, 1층으로 내려가서 전시를 관람하면 좋아요. 2층에는 이 건물이 박물관으로 탈바꿈하기 전, 최초의 산동회관 이야기, 화교, 인천 차이나타운의 역사와 관련한 내용으로 가득합니다. 다양한 종류의 짜장면과 현재는 달라진 배달 문화로 보기 힘든 '철가방'도 만날 수 있어요.

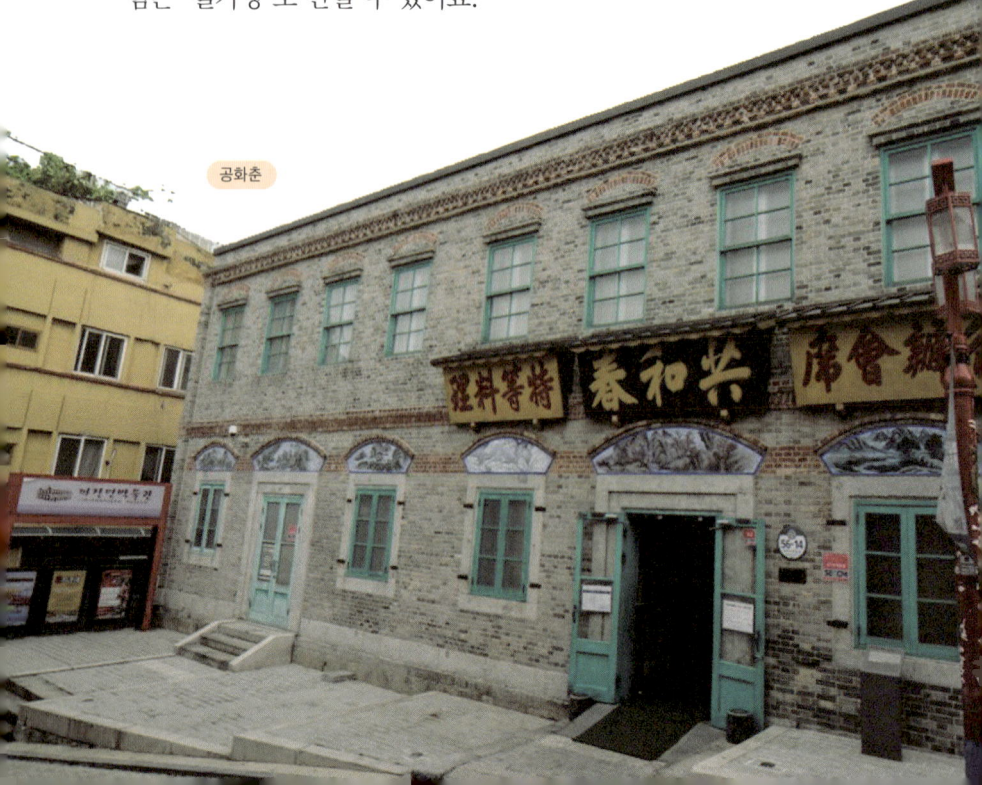

공화춘

그리고 짜장면을 먹고 있는 가족들 마네킹, 짜장면의 주재료인 밀가루 포장의 변천사가 흥미를 불러일으킵니다. 같이 간 부모님의 어린 시절 이야기도 곁들인다면 재미가 더해질 거예요. 1층에는 옛 공화춘에서 사용한 간판과 집기들이 전시되어 있고요. 중국집의 대표 음식인 짜장면과 짬뽕 조리법도 소개하고 있답니다.

벽에 그린 그림으로 삼국지를 읽어요

인천 차이나타운을 찾는 사람들이 많아지자 볼거리를 풍성하게 하려고 삼국지 벽화거리를 조성했어요. 청일 조계지 계단 위쪽에서 시작하는 대형 벽화는 화교들을 위한 학교인 중산학교 뒤쪽 담장을 따라 짜장면박물관 방향으로 150m 길이로, 160개의 벽화 그림이 펼쳐집니다.

삼국지 벽화거리를 걸으면 중국의 후한 시대 역사 흐름을 알 수 있어요. 소설에 나온 주요 장면의 그림과 고사성어를 순서대로 풀어 놓았거든요. 벽화를 눈으로만 감상하기보다는 그림을 보고 내용을 추측해 본 후 설명한 글을 찬찬히 읽어 보기를 추천해요. 그러면, 마치 삼국지 이야기로 들어가 등장인물들과 함께 걷는 듯한 체험을 할 수 있을 거예요.

삼국지 벽화거리

제물포를 나눠 가진 나라들

잠시 뒤에 소개할 제물포구락부 옆에는 각국 조계 표지석이 있어요. 조계(租界)라는 말이 생소하죠? 조계란, 주로 과거 인천항과 같은 개항장에 외국인이 자유롭게 거주하면서 치외법권을 누릴 수 있도록 설정한 구역을 말해요. 외국인 전용 거주 공간을 지정하고 그 공간에서는 해당 국가의 법이 적용됩니다. 즉, 청나라 조계지에서는 청나라 법이, 일본 조계지에서는 일본 법이 적용되었던 거예요.

제물포구락부 옆 각국 조계 표지석

    조계는 제국주의적 침략의 발판이 되었고, 인천에는 세 군데의 조계가 있었어요. 1883년 일본 조계, 1884년 지금의 중국인 청국 조계, 뒤따라 같은 해 미국, 영국, 독일, 청국, 일본 사람 모두가 거주할 수 있는 각국 조계가 만들어졌어요. 각국 조계 뒷면과 옆면에는 조선 지계가 새겨 있어 이 표지석이 각국 조계와 조선인 거주 지역의 경계에 있었다는 것을 짐작할 수 있어요.

    조계는 1910년 일제에 의해 우리나라의 국권을 빼앗긴 경술국치를 계기로 폐지됩니다. 1913년 각국 조계를 시작으로 청국 조계도 역사 속으로 사라졌고 일본 조계도 1914년 폐지됩니다. 인천이 항구 도시가 된 배경에는, 개항 초기에 청나라, 일본 등 다른 나라가 각자의 경제적 이익을 차지하기 위해 개입했다는 사실을 잊지 말아야 해요.

청일 조계지 경계 계단은 약 130년의 역사를 그대로 간직한 인천의 근·현대사를 느낄 수 있는 곳으로 시도기념물 제51호로 지정되었어요. 청일 조계지 경계 계단을 기준으로 청나라 조계와 일본 조계로 나누어져 있습니다. 계단 양옆에 있는 석등 양식, 건물 양식을 살펴보면 확연하게 다른 것을 알 수 있어요. 계단 자체가 가진 가치는 적지만, 우리나라 영토를 두고 청과 일본이 서로 차지하겠다고 치열하게 싸웠던 역사적 장소라는 점에서 가치가 있어요. 계단을 오르면서 혼란스러웠던 개화기 시기 우리나라의 모습을 되새기고 국권의 중요성을 생각해 보면 좋겠어요.

계단을 올려다보고 섰을 때 왼쪽이 청국 조계지예요. 중산학교 정문을 지나 짜장면박물관으로 이어지는 차이나타운 거리로 연결된답니다. 일본 조계지였던 오른쪽은 일본풍 거리로 조성되어 있어요. 일제 강점기에 지어진 근대 건축물들과 최근에 꾸며진 근대식 건축물들이 공존해요.

청일 조계지 계단

인천 차이나타운

근대 건축 유산 속에서 팥빙수를 먹어요

　개항 초기 인천에 세워진 일본 주택들은 주로 점포가 딸린 2층 목조 주택인 마치야 형식과 1층 목조 주택 형식인 나가야식이었어요. 1930년대 이후에는 서양 주택의 공간 구조와 외관을 모방한 문화주택이 인천 곳곳에 세워졌고요. 관동과 신흥동 일대에는 아직 문화주택들이 남아 있답니다.

　일본풍 거리에는 일본 양식을 그대로 보존한 곳이 있어요. 바로 등록문화재 제567호로 지정된 카페 '팟알'입니다. 원래 일제 강점기 동안 인천항에서 조운업을 하던 하역회사 사무소였어요. 지금은 편안하게 들어가서 내부를 체험할 수 있습니다. 나무 계단을 따라서 올라가면 일본 전통적인 내부 구조가 눈에 들어오는데요, 나무 기둥과 다다미방, 그리고 미닫이가 인상적이에요. 그리고 1963년, 인천

카페 팟알

인천 구 대화조 사무소 내부

개항장 일대 사진과 현존하는 다양한 건물들의 옛 모습을 전시하고 있어서 구경하는 재미가 쏠쏠합니다.

여행에서 빼놓을 수 없는 건, 잠시 쉬어 가면서 맛보는 음식이겠죠? 카페 팟알 주메뉴는 팥빙수예요. 잘 갈려진 새하얀 얼음 위 푹 삶아진 팥과 쫀득쫀득 떡 고명! 팥빙수로 답사 여행에 화룡점정을 찍어 보면 어떨까요?

대불호텔에서 보는 개항기부터 1970년까지 인천 지역 생활사

현재 인천 중구청에서는 청사 앞 일대를 개항장 문화지구로 지정하여 인천 근대 역사 거리를 조성했어요. 가장 먼저 가 볼 곳은 대불호텔전시관과 생활사전시관입니다. 드라마 '미스터선샤인'에 나오는 '글로리 빈관'처럼 실제로 존재했던 우리나라 최초의 서양식 호텔이 바로 대불호텔입니다.

개항 당시 인천에 도착한 외교 사절단이나 여행객들은 서울까지 들어오려면 말을 타고도 한나절이나 걸렸다고 해요. 그래서 조선 땅에 도착한 외국 사람들은 인천에서 하룻밤을 묵어야 했어요. 대불호텔은 이들이 묵어가는 공간이었답니다. 또한 이곳에서 우리나라 최초로 커피를 팔아 큰 호응을 얻기도 했어요.

지금의 대불호텔은 호텔의 옛 모습과 50~60년 전 사람들의 생활을 엿볼 수 있는 전시관으로 탈바꿈했어요. 1관은 대불호텔전시관, 2관은 생활사전시관으로요.

먼저 대불호텔전시관은 3층으로 나뉘어 있는데, 1층은 대불호텔 터를 복원하여 흔적을 볼 수 있게 투명 유리 바닥이에요. 남은 흔적을 통해 건축 양식을 추측해 볼 수 있답니다. 그리고 대불호텔이 중화루로 운영되고, 이후 철거되기까지 호텔의 역사와 영상 자료를 감상할 수 있어요.

2층은 당시 대불호텔의 객실 모습을 직접 거닐며 살펴볼 수 있어요. 또한 당시에 지어진 유명한 호텔들에 대해서 자세히 안내하고 있답니다. 최초의 민간 호텔인 '반도호텔', 최초의 국영 호텔인 '철도호텔', 서양식 호텔로 유명한 '손탁호텔' 등 당시 근대 문물이 들어오면서 새롭게 생겨난 호텔 모습이 흥미로워요. 고풍스러운 가구와 다기, 커피메이커, 테이블웨어 등 전시된 근대 물품들은 멋스럽고요.

   3층은 연회장을 재현한 공간이에요. 과거에 연회장은 음식과 음악을 제공하는 사교 공간이었어요. 현재 이곳은 기획전시장으로 사용한답니다. 연회장 바깥에는 가상 피팅기를 이용해 근대에 입었던 의상과 드레스를 가상으로 착용하고 기념 사진을 찍어 볼 수 있어요.

대불호텔전시관

안내된 동선을 따라 대불호텔 1층 후문에서 지하 1층으로 내려가면 생활사박물관으로 연결됩니다. 입구에 청량리와 인천 간 지하철 모형이 관람객을 맞아 주는데요. 옛 지하철 내부에 앉아 사진을 찍으며 쉬어 가면 좋아요.

생활사전시관 1층에서는 1960~70년대의 인천의 생활사를 보여 주고 있답니다. 그 시절 정서가 느껴지는 이발소, 연탄, 클래식 카메라, 공중전화, 교복과 드레스 같은 복고 의상, 실제로 사람들이 사용했던 생활 용품과 전통 가구인 자개장 등 주거 환경이 재현되어 있으니 우리가 지금 집에서 사용하는 물건들과 비교하며 전시를 관람하면 재밌어요.

2층은 1960~1970년대 있었던 선술집, 극장, 다방을 통해 그 시대의 문화를 느낄 수 있는 공간이에요. 레코드판으로 음악을 틀어 주던 그 시절 다방처럼 레코드판 앨범으로 벽을 가득 채웠고, 극장에는 1970년대 인기 영화 포스터와 매표소를 재현해 전시관을 꾸몄어요.

뼈아픈 개항기 역사 속으로 떠나요

인천개항박물관은 반원 아치의 현관을 중앙에 두고 머리에 르네상스 풍의 작은 돔을 올려 좌우대칭으로 지어진 석조 건물이에요.

이 건물은 1883년 우리나라 최초 근대적 금융 기관인 일본 제1은행 부산지점의 인천출장소였답니다. 1888년에는 인천출장소에서 인천지점으로 승격되었어요. 초기에는 해관세[*]와 우리나라에서 생산되는 금괴 등의 물건을 사들이는 업무를 대행하였다가, 점차 우리가 흔히 아는 은행의 업무인 예금과 대출을 수행했어요.

해방 이후에는 한국은행 인천지점으로 사용되었고, 후에 인천 중구에서 이 건물을 사서 2010년에 지금의 인천개항박물관으로 개관하게 되었어요. 현재 이곳은 시유형문화재 제7호로 지정된 문화재랍니다.

인천개항박물관에서는 인천 개항 시기를 엿볼 수 있는 다양한 자료가 있어요. 제1전시실에서는 1883년 인천 개항 이후 우리나라로 들어온 근대 문물과 역사를 소개하고 있어요. 인천항에 설치된 최초의 갑문식 도크와 해관에 관한 기록들, 최초의 군함인 양무호와 경비함, 다목적으로 이용된 광제호, 우리나라의 최초 서구식 호텔인 대불호텔, 최초의 사립 초등학교인 영화학당, 최초의 감리교회인 내리교회, 최초의 서구 상사인 세창양행 등 다양한 근대 유물들을 살

---

[*] 조선 고종 때에 해관에서 수출입품에 대해 매기던 관세를 말해요.

펴볼 수 있는 공간이랍니다.

　가장 눈에 띄는 전시물은 대한제국의 근대식 군함이었던 광제호에 게양되었던 태극기입니다. 광제호는 1904년 11월 건조한 등대 순시선이고요. 무선 전신 시설을 처음으로 장착한 우리나라 최초의 군함이에요. 광제호는 등대 순시, 세관 감시, 해안 경비 등 다양한 역할을 했어요. 이 외에도 전신기, 벽걸이형 자석식 전화기, 미국 언더우드 타자기 등 서양에서 들어온 각종 근대 문물을 실제로 볼 수 있지요. 그리고 월미도에 있었던 해수탕인 월미조탕에 대한 소개, 1895년 우편 사업을 재개하면서 등장한 최초의 우체부 '체전부' 모

인천개항박물관

습과 태극 문양이 그려진 우표까지 다채롭게 볼 수 있어요.

    제2전시실은 1899년 개통된 우리나라 최초의 철도 경인선과 한국 철도의 역사를 알 수 있어요. 전시실 입구에 들어서면, 경인선의 기관차 모형도 전시되어 있답니다.

    개항기는 강대국들이 우리나라를 차지하려는 의도를 노골적으로 보여 준 시기였어요. 철도는 경제적 이익이 가장 많이 남는 사업이었기에 철도부설권을 놓고 영국, 미국, 일본이 첨예하게 대립했습니다. 당시 세계 최강대국인 영국이 먼저 우리나라에 철도 만들기를 요청했어요. 철도 부설권을 두고 영국과 미국이 대립하다가 1896년 미국이 경인선 철도 부설권을 가져가게 되었지요. 그런데 미국은 철도 공사에 드는 돈이 부족했어요. 이때, 일본이 미국에게 자금을 지원합니다. 대신 미국의 철도 건설에 사사건건 개입했지요. 그러자 미국과 일본이 계속 충돌했답니다. 결국 미국이 경인선의 공사 권리를 포기했어요. 철도에 대한 권리는 모두 일본에 넘어가고요. 철도부설권이 일본으로 넘어간 후, 경인선 부설 공사 속도는 빨라졌어요. 1899년 9월에 인천에서 서울 노량진을 잇는 열차 구간이 완성됩니다. 우리나라의 최초 철도 개통의 순간이었어요. 땅의 주인인 조선은 온데간데없고 객들만이 서로 아웅다웅했으니 뭔가 씁쓸하죠? 1900년 5월에는 노량진과 서울역을 잇는 연결 공사가 진행되어서 경인선 구간은 인천역에서 서울역까지로 확장됩니다. 일본은 왜 이렇게까지 철도 개통에 적극적이었을까요? 꼭 한 번 생각해 보길 바랍니다.

제3전시실은 19세기 말에서 20세기 초 개항장 일대 거리 모형과 시청각 자료들로 그 시대를 재현하고 있어요. 개항기 시대의 인천, 당시 조계지 거리 풍경을 지금의 모습과 비교해 살펴보는 것도 관람 포인트예요. 과거 인천 개항장 거리 한복판에 서 있는 듯한 포토존에서 사진을 찍으며 시간 여행을 떠나 보세요.

제4전시실은 과거 일본 제1은행의 금고를 활용하여 전시실로 꾸몄어요. 개항기의 금융 기관과 인천 전환국 관련 자료를 전시하고 있답니다.

강화도 조약과 제물포 조약

인천개항장 근대건축전시관 출입구는 석조로 정교하게 장식했어요. 목조 구조물에 일본식 기와로 마감한 모임지붕을 하고 있어서 우리 전통 건축물과는 다른 이국적인 분위기예요. 근대건축전시관은 원래 일본 나가사키에 본점을 둔 일본 제18은행 인천지점입니다. 일본 제18은행은 영국과 면직물 중개 무역을 통해서 큰 이익을 거두자 인천에 분점을 냈어요. 이후에 이 은행은 조선식산은행 인천지점,

한국흥업은행 지점으로 사용되었고, 현재는 근대건축전시관으로 변모했어요. 개항 이후 인천에 세워진 근대건축물과 관련된 자료를 전시하는 공간으로 쓰이고 있는 것이죠.

근대건축전시관에서는 개항 시기 근대 조약이 체결되었던 사건들을 자세히 알아볼 수 있어요. 1876년 2월에 일본의 강압 아래에서 체결된 불평등 조약인 강화도 조약과 그 이후 쌀 수출과 관련된 제물포 조약이 바로 그 사건들이지요.

강화도 조약은 앞서 말한 것과 같이 일본의 압박 아래에서 행해진 불평등한 조약이었어요. 일본 군함 운요호가 강화도 앞바다를 불법 침투하자 일본군과 조선군이 충돌한 운요호 사건이 원인이었지요. 강화도 조약은 12개의 조항으로 구성되어 있고, 주요 내용은 '조선이 일본과 동등한 자주국가임을 인정하고 20개월 내에 부산, 원산, 인천 3개 항구를 개방할 것, 조선의 연안 측정을 자유롭게 할

인천개항장 근대건축전시관

것, 양국 수신사를 교환할 것, 개항장의 일본인에 대한 치외법권을 인정할 것' 등이 있답니다. 즉, 조선은 운요호 사건과 강화도 조약으로 인해 문호를 강제로 개방하게 되었어요. 물론 강화도 조약으로 우리나라가 서양의 새로운 문물을 받아들였다는 것에는 긍정적인 의미도 있지만, 한편으로는 세계의 열강에 의한 침략을 허용하는 계기가 되었다는 점에서는 아쉬워요.

제물포 조약은 1882년 임오군란으로 발생한 일본 측의 피해 보상 문제를 다룬 조선과 일본 사이 조약이에요. 임오군란의 진압을 위해 청이 들어오게 되고 어지러운 와중에 손해배상을 요구하는 일본과 맺게 된 것이지요.

인천이 개항되게 된 배경에 대해 알고 전시를 관람하면 당시 문화

군인들의 분노를 살펴보아요

임오군란은 왜 일어났을까요?

당시에 개항장을 통해 일본으로 쌀이 수출되고 있었고, 1882년에는 경기, 충청, 전라도 지역에 큰 가뭄으로 쌀값은 급격히 올라가서 서민들은 생활고에 시달리게 되었어요. 한편, 1881년 4월에 기존 중앙군인 5군영을 축소하고 신식 군대인 별기군을 창설하면서 많은 군인이 실직했어요. 남은 군인들은 별기군에 비해 낮은 대우를 받게 되었고요. 차별 대우를 더 이상 참을 수 없었던 군인들이 모여 일본 공사관을 습격하면서 임오군란이 일어났답니다. 이를 계기로 대원군은 다시 정권을 잡았지만 결국 실패해 조정은 일본과 제물포 조약을 맺게 됩니다.

뿐만 아니라 우리가 알고 있어야 할 역사를 배울 수 있겠죠? 일본 제18은행은 일본이 한국 금융계를 지배하려는 목적을 가지고 계획하여 세운 아픈 과거의 장소이기도 해요. 앞서 말한 강화도 조약과 제물포 조약뿐만 아니라 개항 당시 국내외 정세, 인천항의 초기 모습, 근대 초기의 다양한 건축물들을 살펴볼 수 있고, 지금은 소실된 각종 건축물을 미니어처로 만나 볼 수 있으니, 꼭 한 번 들러 보세요!

조선을 둘러싼 청나라의 숨은 속마음, 그 흔적이 보여요

삼국지 벽화거리가 시작하는 지점에 꼭 보아야 할 돌이 있어요. 유심히 찾지 않으면 그냥 지나치기 쉬운데 바로 조선과 미국이 조약을 맺은 장소라는 것을 알려 주는 조미수호통상조약 체결 장소 표지석입니다. 원래 표지석은 인천 동구 화도진공원과 중구 올림포스호텔 2곳에 각각 설치돼 있었어요. 그런데 2013년에 조약을 체결했던 장소인 '인천해관장(인천세관장) 사택 터' 위치를 정확하게 표기한 세관 문건이 발견됐어요. 이 문서를 연구한 끝에 삼국지 벽화거리 옆 지점(청일 조계지 경계 계단 위)을 조약이 체결된 장소로 확정했습니다. 그래서 이곳에 새 표지석을 설치했지요. 이 장소가 역사적 의미를 갖는 건 이곳에서 체결한 조미수호통상조약이 당시 조선이 세계 열강 사이에서 어떤 위치였는지 알려 주기 때문이에요.

조미수호통상조약은 조선이 근대에 서양 국가와 맺은 최초의 수호통상조약입니다. 1882년 조선과 미국이 맺은 조약이지만 그 뒤에는 청나라가 있었

조미수호통상조약 체결지 표지석

어요. 청나라는 일본과 러시아가 조선으로 세력을 확장하는 것에 위기를 느꼈고요. 조선이 한 나라의 식민지로 전락하면 청나라의 동쪽 울타리가 허물어진다고 생각했어요. 그래서 청나라는 조선이 식민지가 되는 것을 막고 여러 나라들이 조선에 대한 이해 관계를 나눠 가지게 해서 자기 나라를 지키려고 했어요. 이런 속셈으로 조선과 미국이 조약을 맺도록 중간다리 역할을 한 거죠.

이 조약 첫머리에는 상대국이 어려움을 당하면 반드시 서로 돕는다는 조항이 있어요. 그리고 조선은 독립국이라고 명시했기 때문에 외세에 휘말리던 조선의 왕 고종은 이 조약에 희망을 품었다고 합니다. 여러 나라들이 조선을 둘러싸고 서로 차지하려던 역사를 바로 알고, 두 번 다시 반복하지 않으려면 어떻게 해야 할까요? 한번 곰곰이 생각해 봅시다.

잠깐, 일본 제58은행 지점도 있었다는데요?

인천개항장 근대건축전시관 바로 옆은 옛날 일본 제58은행 지점이에요. 현재는 중구요식업협회 사무실로 이용되고 있어 자칫 근대건축 유산을 못 보고 지나칠 수 있습니다. 일본 제58은행 지점은 1892년에 인천전환국에서 주조되는 신화폐를 교환하기 위해 설립되었어요. 후에 야스다 은행, 조흥은행 인천지점, 대한적십자 경기도지사 사옥으로 운영되었습니다. 건물 안은 구경할 수 없지만, 외관만은 꼭 눈에 담고 가세요. 지금까지 보아 온 건축물과는 다르게 프랑스풍 벽돌조 건축물로 오르내림식 창문과 벽체 그리고 기둥 원형을 그대로 살펴볼 수 있거든요.

일본 제58은행 지점

근대 물건들이 가득했던 창고에 문학 작품이 자리했어요

인천은 개항 도시였어요. 인천항을 통해서 많은 물건이 수출되고 수입되는, 그야말로 물건들이 오고 가는 곳이었기에 이를 보관하기 위한 창고가 필요했답니다. 그래서 인천 개항장 주변에는 옛날 창고 건물이 많은데요. 한국근대문학관도 당시 창고 건물로 이용되던 곳이에요. 최근 리모델링하여 근대문학을 손쉽게 만날 수 있는 장소가 되었습니다.

동학농민운동과 갑오개혁 등 많은 변화가 일어나고 사회가 격돌하던 그 시기, 근대문학은 시대 상황을 반영하면서 등장했어요. 오랫

한국근대문학관

동안 이어지던 문학의 형식과 새로운 생각을 담은 내용이 결합하여 표현되었답니다. 예를 들면, 전통적인 가사체라는 전통적 방식을 활용하여 자주독립의 염원을 담은 개화 계몽 가사가 있었고, 근대시 형식을 도입해 보며 실험적으로 시도한 신체시, 그리고 국한문체 형식을 유지하면서 자주독립을 이야기한 역사 전기 소설이 있지요. 현재 우리는 문학이라고 표현하지만, 당시에는 오늘날의 '시, 소설, 비평 등'과 같은 보편적인 문학은 아니었다고 해요. 하지만 우리가 주목해야 할 점은 당시 널리 사용하던 한문에서 벗어나 한글을 통한 글쓰기 방식을 도입했다는 점이에요. 그런 뒤에 한글로 쓴 신문과 잡지가 자연스럽게 발행되었고, 근대적 인쇄 출판과 교육 기관이 등장하여 근대 문학의 기반을 다지게 되었답니다.

한국근대문학관에는 1894년부터 1948년까지 시대별로 정리된 문학의 역사와 대표 작품들을 한눈에 살펴볼 수 있어요. 작품 속 주인공이 되어 떠나 보는 체험 공간도 마련되어 있습니다. 현덕의 〈남생이〉 작품과 해설을 영상으로 볼 수 있는데, 영화관에서 영화를 보는 것처럼 입구를 장식해 놓아 흥미를 줍니다. 1930년대 다방에 문인들이 있는 그림 앞에는 테이블과 의자가 있어요. 문학관의 모토인 '쉽고 재미있게 배우고 즐기는 모두에게 열린 문학관'이라는 것을 몸소 체험할 수 있는 장소랍니다.

역사에 따라 옷을 바꿔 입어야 했던 제물포구락부

"인천 개항장의 숨은 보석, 제물포구락부는 유명 드라마 '도깨비' 촬영지로 알려지면서 최근에 핫플레이스가 되었다."

이 말은 참일까요?

그렇지 않습니다. 제물포구락부는 1901년 이미 많은 사람이 찾는 장소였대요. 지금은 드라마 '도깨비' 촬영지로 알려지면서 사람들이 많이 찾지만, 그 당시에는 주로 외국인들이 모이는 장소였어요. 인천에 거주하던 미국, 러시아, 일본 등 외국 사람들이 사교 모임 장소로 사용하기 위해 지어진 건물이기 때문이죠. 제물포구락부회관으로도 불렸던 이곳은 1993년 7월 6일에 인천광역시 유형 문화재 제17호로 지정되었습니다. 이 건물은 2층 양옥 구조의 벽돌 건물로, 지붕은 양철로 만들어졌고 하얀 외벽이 눈길을 끕니다. 내부에는 사교실, 도서실, 당구대, 식당 등 각종 시설을 두루 갖추고 있었고, 건물 외부에 당시로는 드물게 테니스 코트가 설치되어 있어서 당시 외국 문화가 어떻게 향유되었는지 알 수 있어요.

1910년은 치욕스러운 한일 강제병합이 있던 해입니다. 대한제국이 일제의 독점적인 식민지가 되면서 각국 거류지가 사라졌어요. 그 여파로 제물포구락부가 가졌던 사교 공간 역할도 사라졌습니다. 그래서 1941년부터는 일본재향군인 인천연합회에서 정방각이라 부르

제물포구락부

며 사용했어요. 광복 이후에는 미군사병구락부로 사용되었습니다. 1953년부터 1990년까지는 우리나라 최초 공립 박물관인 인천시립박물관으로, 1990년부터 2006년까지는 인천문화원으로 운영하였고요. 2007년부터는 개항장의 상징을 담아 다양한 문화를 체험하는 공간으로 지금의 제물포구락부가 되었답니다.

자유공원과 맥아더 장군

자유공원은 1888년에 조성된 우리나라 최초의 서구식 근대 공원이에요. 서울의 유명한 탑골공원이 1897년이 조성되었으니 9년이나 먼저 만들어진 거죠. 설계는 러시아 토목기사 사바틴이 담당했고, 각 나라의 공동조계구역 안에 위치해서 처음에는 각국공원이라고도 불렸어요. 일제 강점기에는 '서공원', 광복 후에는 '만국공원'이라 불리다가 1957년 맥아더 장군의 동상이 세워진 이후부터 현재까지 자유공원으로 불려요. 자유공원의 정상에는 한미수교 백주년 기념탑도 있어요. 1882년 4월에 대한민국과 미국이 한미수호통상조약을 체결하였고, 이를 기념하기 위해 100주년이 된 1982년에 기념탑을 세웠어요.

그리고 우리나라와 깊은 인연이 있는 맥아더 장군의 동상도 있어요. 1950년 6월 25일 북한의 기습 남침으로 불과 사흘 만에 서울이 함락당하고, 낙동강 방어선까지 전선이 후퇴하게 되었죠. 인천상륙작전은 1950년 9월 15일 새벽에 사투를 벌이며 인천 지역에 상륙한 연합군이 북한군의 배후를 공격하여 전쟁의 흐름을 반전시킨 작전을 말해요. 인천상륙작전을 지휘한 장군이 바로 맥아더 장군이고요.

자유공원의 정상에서 동상을 보며 한국전쟁, 인천상륙작전, 맥아더 장군에 대한 역

맥아더 장군 동상

사 이야기를 떠올려 보는 것도 좋을 것 같아요. 참고로 4월이면 자유공원을 오르는 길이 벚꽃으로 만발한다고 하니, 예쁜 봄날에 친구, 가족들과 함께 걸어 보세요.

무지개처럼 생긴 문 너머 그들의 야욕

홍예문은 '무지개처럼 생긴 문'이라는 뜻이에요. 2002년 12월 23일 인천유형문화재 제49호로 지정했지요. 응봉산 산허리를 잘라 윗부분을 무지개 모양으로 반쯤 둥글게 만들고 화강암 석축을 쌓아 터널처럼 만든 석문이랍니다.

인천항이 개방되고 난 이후, 청일전쟁과 러일전쟁이 진행되면서 군수품의 유통을 위해 일본 상인이 증가했어요. 점점 더 일본인 수가 늘자 일본 조계지가 부족해졌지요. 일본 조계지 부족으로 인한 확장은 대한제국 정부가 부담했답니다. 이외에 진행된 인천 지역 매립 진행과 철도 공사는 단순히 돈만 부담하는 것이 아니라, 공사에 필요한 인력에도 조선인이 동원되었어요. 계획하고 진행하는 것은 일본인데 왜 조선인이 동원되었을까요? 조선인이 강제 동원된 법적인 근거는 '부역제'였어요. 사실 조선 시대의 부역은 인근의 주민들이 한나절 정도만 일하면 되는 수준이었지만, 일본은 이 제도를 교묘하게 이용해 조선인의 노동을 무상으로 착취했습니다. 이렇게 인

천을 개발하고, 경인 철도를 개설하여 일본이 궁극적으로 추구한 것은 '수탈'이었어요. 이를 위해 도로를 정비하고 이동 수단을 설치한 거죠. 당시 조선의 수출 품목 중에서 가장 큰 이익을 주었던 상품은 쌀이었어요. 그래서 일본은 쌀을 싼값에 사들이고, 한국인을 이용해 갈고 닦은 철도와 도로, 항만을 이용해 일본으로 수출하여 막대한 이익을 챙깁니다.

이러한 과정이 홍예문과 무슨 관련이 있을까요? 당시의 도로 공사의 마지막이 홍예문 건설이었어요. 홍예문은 인천의 해안가와 내륙을 잇는 도로예요. 홍예문의 북쪽으로는 동인천역이, 남쪽으로는 세관과 항구가 있어서 조선(한국)의 물자를 일본으로 가져가기에 안성맞춤인 위치였죠. 일본 조계지와 동인천역을 바로 이어 주는 도로였기에 수탈을 위한 마지막 건축물인 셈인 거고요. '무지개처럼 생긴 문'이라는 예쁜 이름 뒤에 숨겨진 배경을 들어보니 어떤가요? 홍예문은 당시의 일본 토목 공법을 알 수 있는 건축 자료로서의 의미도 중요해요. 하지만 우리가 더 관심을 가지고 보아야 할 것은 무엇일까요? 빨간 담쟁이덩굴과 비추는 햇빛 사이로 홍예문을 바라보며 우리가 잊지 말아야 할 역사를 꼭 생각해 주세요.

14 이제명

제주

우리나라에서 가장 크고 아름다운 섬으로
떠나는 하루 답사

제주 하루 답사 경로

한라산 ▶ 삼성혈 ▶ 항파두리 항몽 유적지
▶ 제주목 관아 ▶ 김만덕기념관 ▶ 제주4·3평화공원

신비의 섬, 제주의 탄생을 알아보아요

우리나라 남서쪽에 위치한 섬 제주도. 제주도 하면 무엇이 가장 먼저 떠오르나요? 제주도는 돌, 바람, 여자가 많은 섬이기도 하고 우리나라의 가장 크고 아름다운 섬으로도 손꼽히지요. 먼저 제주도라는 섬이 어떻게 만들어졌는지 알아볼까요?

제주는 화산 활동으로 만들어진 화산섬이에요. 신생대 제4기부터 화산 활동이 시작되었는데 이 시기는 인류의 원시 조상이 출현한 시기이자 고생대 이후 가장 한랭한 기후가 시작된 시기예요. 약 70만 년~30만 년 전 용암이 흘러나와 평평한 형태의 현재 제주도 모양이 조금씩 형성이 되면서 약 30만~25만 년 전 화산 폭발로 인해 한라산은 점점 높아졌다고 해요.

한라산(1,950m)의 이름 중 한(漢)은 은하수를 뜻하며, 라(拏)는 잡는다는 뜻이에요. 한라산 꼭대기 백록담에 서면 은하수를 잡아당길

수 있을 만큼 하늘과 맞닿아 있어서 지어진 이름이에요. 한라산을 자세히 보면 동서 방향은 완만하고 남북 방향은 다소 급한 경사로 이루어져 있어요. 화산 활동 시기에 용암의 점성이나 환경의 차이로 동서, 남북 경사가 다르게 만들어졌어요.

제주도는 다양한 화산 분출 방법 중에서 수성화산 활동으로 만들어졌어요. 수성화산 활동은 뜨거운 마그마가 물과 만나는 과정에서 냉각과 가열이 매우 격렬하게 일어나면서 많은 수증기를 함유하여 큰 폭발이 일어나게 되는 화산 분출 방법이에요. 제주도의 수성화산 활동은 100만 년이 넘도록 지속된 화산 분출로 인해 엄청난 양의 화산재가 육지와 바다에 쌓여 다양한 지층을 만들면서 생겨났어요. 세계자연유산으로 등재된 거문오름을 포함하여 제주도에는 많은 오름이 있어요. 이 역시 화산 활동으로 만들어진 매우 가치 높은

제주의 상징, 돌하르방을 찾아라!

돌하르방의 의미는 무엇이고 어떤 역할을 하는 걸까요?

돌하르방은 제주도에서 마을을 지키는 역할을 하는 석상을 말해요. '하르방'은 할아버지를 뜻하는 제주도 방언이에요. 돌하르방은 주로 마을 입구에 세워져 있어요. 마을을 지켜주는 수호신과 같은 역할을 하는 것입니다.

우리의 자연유산이에요.

그렇다면 제주도에는 언제부터 사람들이 살기 시작했을까요? 제주도 사람의 전설적인 발상지인 삼성혈부터 둘러볼까요?

제주인의 시초는 삼성혈에서 시작돼요

삼성혈은 한반도에서 가장 오래된 유적지로 제주 사람의 전설적인 발상지예요. 들어가는 입구 양쪽으로 제주 민속문화재인 돌하르방이 있어요. 돌하르방을 마주하다 보면 넉넉한 인심을 가진 제주 사람을 만난 것 같은 느낌이 들어서 마음이 편안해져요. 두 개의 돌하르방은 손의 모습이 조금 다른데 동쪽의 돌하르방은 왼손을 가슴 위에, 서쪽 돌하르방은 오른손을 가슴 위에 올려놓고 있어요.

나라가 시작되었다는 뜻을 담은 건시문을 지나 들어가면 지금으로부터 약 4,300여 년 전 제주민 세 명이 탄생한 세 개의 구멍이 있어요. 바로 고을나(髙乙那), 양을나(良乙那), 부을나(夫乙那), 이 세 명이에요. 그래서 이곳을 세 명이 태어난 세 개의 구멍을 뜻하는 '삼성혈'이

제주 삼성혈 표지석

제주 삼성혈

라고 불러요. 이 세 명은 이 구멍에서 태어나 가죽옷을 입고 사냥을 해서 생활했어요. 그러던 어느날, 이웃 벽랑국에서 큰 배가 들어왔어요. 이 배에는 세 명의 공주님과 소, 말 그리고 다섯 종류의 씨앗이 담겨 있었지요. 고을나, 양을나, 부을나는 씨앗을 갖고 온 세 공주를 신부로 맞이하여 결혼하고, 갖고 온 씨앗으로 농사를 짓기 시작했어요. 이때부터 제주의 농경 생활이 시작되어 탐라 왕국으로 발전했다고 해요.

   삼성혈에는 신기한 현상이 있는데요. 이 주변의 모든 나뭇가지는 모두 세 개의 구멍을 향해 다소곳하게 고개를 숙이고 있답니다. 원래 모든 나무들은 햇볕을 향해 가지들이 쭉쭉 뻗어 나가는데 이곳 나무들은 고을나, 양을나, 부을나가 나온 세 개의 구멍 쪽을 향해 있는 것이죠. 이것을 보고 사람들은 나무들도 제주민의 시조가 나온 곳을 향해 감사 인사를 드리는 거라고 생각한대요. 그리고 아무리 비가 오거나 눈이 내려도 1년 내내 물이 고이거나 눈이 쌓이는 일도 없다고 해요. 다음으로 제주도에는 고려의 유적지도 있으니 한번 돌아볼게요.

우리나라는 삼별초가 지켜요! 항파두리 항몽 유적지

   고려 시대인 1200년 무렵, 중국 대륙 북쪽의 초원에서 새로운 강자가 나타났어요. 바로 세계에서 가장 강력했던 나라인 몽골이지요. 몽골의 우두머리였던 테무친은 1206년 초원의 여러 부족을 통일하고 '칭기즈칸'이 되었어요. '칸'이란 유목 민족들이 그들의 부족장을 부르는 말로 중국의 '황제'와 같은 지위를 지녀요. 몽골인은 원래 초원을 떠돌며 말이나 양을 기르던 유목 민족으로 날쌔고 용감했어요. 이에 칭기즈칸은 그 힘을 이용해 사방으로 공격을 해서 땅을 넓혀 나갔어요. 몽골은 전쟁을 거듭한 끝에 중국 대륙은 물론이고 지금의 러시아와 아랍 지역까지 영토를 넓혔어요. 커진 몽골의 힘이 고려에까지 영향을 주었지요. 몽골은 겉으로는 사이좋게 지내자고 했지만 속마음은 아니었어요.

결국 칭기즈칸의 뒤를 이은 오고타이칸은 고려를 침략했어요. 1231년 1차 침입을 시작으로 몽골의 고려 침입은 30년 동안 7차례나 지속되며 고려 사회에 큰 피해를 주었어요. 이에 고려는 강화도로 왕도를 옮기고 국력의 수십 배나 되는 강대한 몽골을 상대로 온몸으로 막아 내며 버텨 보았지만 결국 몽골에 굴복하고 개경으로 환도를 결정했어요. 개경 환도에 반대하여 일어선 삼별초군은 항전 끝에 김통정을 총수로 하고 제주도로 건너와 1273년 4월 전멸당할 때까지 이 항파두리 토성을 근거지로 몽골에 투쟁했어요. 제주도 항파두리 토성은 고려 정부가 몽골에 굴복하여 개경으로 환도하자 대몽항쟁

항파두리 항몽 유적지

을 주도하던 삼별초군이 이에 반발하여 여몽연합군과의 싸움을 전개하는 과정에서 쌓은 방어 시설이에요.

항파두리는 '항바두리'라는 제주어의 한자 차용 표기로, 항은 항아리, 바두리는 둘레라는 뜻으로 항아리 가장자리처럼 둥글게 돌아간다는 뜻이에요. 토성은 자연 지형을 최대한 이용하여 언덕과 하천을 따라 지어졌고 길이가 약 10리(4km)나 되었다고 해요. 토성을 쌓는 방법은 시루떡을 만드는 것처럼 흙을 층층이 다져 쌓아 올리는 방식으로 만들어서 더 강도 높은 토성이 만들어졌어요.

토성 입구엔 현재도 외성 발굴 작업이 진행 중이에요. 생생한 외성 발굴 작업 현장을 보고 토성길을 걸으면서 당시 가장 강한 나라였던 몽골에 맞서 끝까지 항쟁을 벌인 삼별초군이 나라를 지키기 위해 얼마나 애를 썼는지 그 숨결도 느껴 보길 바랍니다.

제주도에는 말이 많고 남자보다 여자가 많다고 하지요. 제주도에 침입했던 여몽연합군이 겨울에도 습하고 따뜻한 제주도가 초목이 잘 자라 말을 키우기에 적합한 곳임을 알고 이곳을 목마장으로 정했어요. 이때 남자들은 산으로 들어가 말을 키웠기에 상대적으로 여자가 많았다고 해요. 이후 몽골은 고려에서는 물러갔으나 제주도에는 남아서 몽골 국영 목장을 운영했다고 합니다.

자, 그럼 고려 시대를 거쳤으니 다음으로는 제주도 속 조선 시대로 이동해 볼까요?

제주 지방 통치의 중심지, 제주목 관아

동문시장, 칠성로로 알려져 있는 제주도 대표 장소에서 가까운 제주목 관아는 조선 시대 제주 지방 통치의 중심지였어요. 제주목 관아는 지금의 제주 관덕정(보물 제322호)을 포함하는 주변 일대 주요 관아 시설이 자리했던 곳으로 조선 시대까지 제주의 정치·행정·문화의 중심지였어요. 한마디로 제주목 관아는 지금의 제주 도청과 같은 곳이지요.

관아 시설은 1434년 화재로 건물이 모두 불타 없어진 뒤 바로 재건에 들어가 다음 해인 1435년에 골격이 이루어졌으며, 조선 시대 내내 증·개축이 이루어졌으나 현재는 관덕정을 빼고는 그 흔적을 찾아볼 수가 없어요. 2002년 12월 복원 공사를 마쳐 현재의 모습이 되었어요. 현재 제주목 관아는 정치와 행정, 문화를 아우르는 복합공간으로 제주 고유의 역사적 숨결을 전해 주고 있는 장소가 되었습니다.

먼저 외대문을 통해 제주목 관아로 들어서면 회랑에는 3개의 제주목 역사 체험 전시 공간으로 꾸며져 있어요. 제1전시실에는 제주목의 역사적 변천사, 제2전시실에는 당시 부임 목사의 생활상 및 행렬도, 제3전시실에는 제주목의 생활상을 돌아볼 수 있는 역사관으로 구성되어 있어요.

제주목 관아 안쪽으로 들어가면 망경루가 있어요. 이곳은 임금이 있는 북쪽 서울을 바라보며 예(禮)를 올리던 곳이자 제주 앞바다에 침범하는 왜구를 감시하는 역할도 했다고 하네요. 1층에는 탐라순력도를 체험할 수 있는 공간이 있어요. 조선 시대 제주목사 이형상이 제주를 돌아보면서 만났던 제주의 생생한 생활상을 담은 탐라순력도를 만나 보세요.

가장 오래된 목조 건물, 관덕정

관덕정(보물 제322호)은 제주도에서 가장 오래된 목조 건물이에요. '관덕(觀德)'이란 마음을 바르게 하고 훌륭한 덕을 쌓는다는 뜻이에요. 병사의 훈련과 무예 수련장으로 사용하기 위하여 1448년 제주목사인 숙청이 지은 이곳은 조선 시대부터 사람들이 모이는 장소로 쓰였으며, 현재도 광장으로 쓰이고 있어요. 매년 봄의 시작을 알리는 '탐라입춘굿' 행사가 열리는데, 이를 보기 위해 제주도를 찾는 여행자가 적지 않을 만큼 빼놓을 수 없는 대표 행사가 되었답니다.

관덕정 내부에는 3개의 현판 '관덕정'(觀德亭), 제주목사 박선양이 쓴 '호남제일정'(湖南第一亭-호남에서 제일 으뜸인 정자)과 김영수 제주목

관덕정

사가 쓴 '탐라형승'(耽羅形勝 - 지세와 풍경이 뛰어난 탐라)이 걸려 있어요. 삼성혈 입구에서 만났던 제주 민속문화재인 돌하르방을 관덕정 입구에서도 만날 수 있어요. 돌하르방은 제주도 어디에서든 우리를 반갑게 친절하게 넉넉한 웃음으로 맞이해 준답니다.

나눔으로 제주인을 살린 김만덕을 기리는 곳

"우리를 살려 준 이가 만덕이로다."라며 김만덕의 은혜를 칭송한 이야기가 채제공의 《만덕전》에 나옵니다. 또한 《정조실록》에는 "제주 기생 만덕이 재물을 풀어서 굶주리는 백성들의 목숨을 구하였다."라는 기록도 있어요. 조선 시대에 기생의 이름이 실록에 적힌다는 건 놀라운 일이죠. 무슨 일을 했기에 기생이 실록에까지 이름이 올라 있을까요?

김만덕(1739~1812)은 제주 양가집 딸이자 김해 김씨 후손이에요. 만덕이 12살에 부모님이 다 돌아가셔서 오갈 데가 없어지자 은퇴한 기생이 데리고 가서 수양딸로 삼고 기녀 명부에 이름을 올려 기녀가 되었어요. 만덕은 기녀로 사는 게 싫어서 관아의 높은 어른을 만나면 본인을 기녀 명부에서 빼 달라고 울면서 매달렸어요. 돌아가신 아버지도 장사를 했기에 만덕은 어려서부터 보고 배운 것이 많아 장사를 잘 할 수 있고, 장사를 통해 많은 이윤을 남겨 어렵게 사는 백성들을 도와주겠다며 호소했어요. 만덕은 주체적으로 사는 삶을 원했고, 신분 제도가 엄격한 시대였지만 양인이 되는 것을 포기하지 않고 노력했어요. 이것을 본 제주목사가 만덕을 가엾게 여겨 1762년 만덕이 23살이 되던 해에 기녀 명부에서 빼 주고 신분을 양인으로 되돌려 주었지요.

양인이 된 만덕은 육지를 오가는 관문이자 교역과 어로 활동의 중심지인 건입 포구에 '객주 물산'을 세웠어요. 장사가 잘 되려면 좋은 장소에서 좋은 물건을 팔아야 한다는 만덕의 뜻에 따라 객주 물산에서는 제주의 특산물인 말총, 미역, 전복을 육지에 팔고 육지의 생산물인 쌀, 소금, 장신구, 화장품 등은 제주로 들여와 팔았어요.

김만덕에게는 큰 장사를 하기 위해서는 반드시 지켜야 할 세 가지 원칙이 있었다고 해요. "첫째는 싸게 그러나 많이 판다. 둘째 알맞은 가격으로 사고 판다. 셋째

정직한 믿음을 판다."였어요. 이런 정신을 바탕으로 만덕은 큰 부를 쌓을 수 있었지요.

1790년대 초반 만덕이 사업으로 돈을 많이 번 즈음에 제주에 큰 재해가 닥쳐 도민들이 배고픔에 시달리고 있었어요. 이를 알고 조정에서는 구휼미를 보냈는데 구휼미를 싣고 오던 배가 풍랑에 침몰하는 불상사까지 겹쳐 도민이 다 굶어 죽을 처지에 놓였어요. 이때 김만덕은 갖고 있던 전 재산을 쾌척하여 쌀을 사들여 제주도의 굶주린 백성들에게 베풀었어요. 이 시기의 왕이 누구였는지 알고 있나요? 바로 정조였어요. 정조는 당시 정치, 사회 전반에 걸쳐 과거부터 내려왔던 불합리한 제도를 과감히 없애는 개혁 정치를 펼치던 왕이

김만덕 묘비

에요. 김만덕의 선행을 널리 알리고 백성들의 표상을 만들고자 신하들에게 김만덕의 전기를 집필하라고 했어요. 이에 박제가의 《정유각문》, 채제공의 《만덕전》, 정약용의 《여유당전서》 등에서 김만덕의 선행 기록이 이어졌고 수많은 공경 대신이 힘을 모아 《만덕전》을 지었어요. 추사 김정희는 '은광연세(恩光衍世·은혜의 빛이 온 세상에 퍼진다)'라는 글씨를 써서 김만덕의 의로움을 세상에 널리 알렸어요. 정조 또한 김만덕에게 상을 내리고자 제주 목사를 통해 소원을 물으니 김만덕은 "한양에 가서 왕이 계신 곳을 바라보고 이내 금강산에 들어가 일만이천봉을 구경한다면 죽어도 여한이 없겠습니다."라고 말했어요. 그러나 당시에는 벼슬이 없으면 궁궐에 들어갈 수 없었어요.

김만덕기념관

김만덕 객주

이에 왕은 궁에 입궐할 수 있도록 당시 여성이 오를 수 있는 최고의 벼슬인 '의녀반수'를 하사했고, 만덕이 원하던 금강산 유람까지 할 수 있게 해 주었어요. 솔선수범으로 나눔을 실천한 김만덕의 뜻을 기리기 위해 후손들은 2015년에 김만덕기념관을 세웠어요.

김만덕기념관은 대한민국 최초의 나눔 문화 전시관으로 김만덕의 나눔과 봉사 정신을 계승하고 실천하자는 취지로 만들어졌어요. 3층 상설 전시관에서는 역사 속의 인물이지만 현존하는 듯한 김만덕을 만날 수 있고, 2층 나눔 실천관에서는 김만덕의 정신을 마음에 담고 그 정신을 이어받아 세상을 바꾸는 나눔을 알아가는 체험 활동을 통해 나눔 방법을 배울 수 있어요. 체험을 마치고 나면 "나도 김만덕이 될 수 있구나."를 간접적으로나마 느낄 수 있을 것입니다.

김만덕기념관을 돌아보고 산지천을 걷다 보면 복원된 '김만덕 객주'를 만날 수 있어요. 작은 민속촌처럼 초가지붕을 이은 8채의 제주 전통 가옥으로 당시 '물산 객주'의 모습을 재현했어요. 이곳에 들어가면 잠시 김만덕이 운영했던 활기찬 '물산 객주' 시절로 돌아가 볼 수 있어요. 한쪽에는 실제 음식을 판매하는 주막이 운영되고 있는데 몸국, 고사리 육개장, 해물파전 등 제주 전통 음식으로 배고픔을 달랠 수 있답니다.

슬픔의 역사를 간직한 제주 4·3평화공원

제주도 하면 우리나라 최고의 아름다운 섬으로 넘실넘실 푸른 바다가 춤추는 명소들과 어우러진 아름답고 매력적인 풍경이 떠오르겠지만 그 이면에는 슬픈 역사가 숨겨져 있어요. 제주 4·3사건을 들어보았나요? 일본의 식민 지배에서 벗어나 해방의 기쁨을 마냥 누려야 할 즈음 제주도엔 어머 어마한 사건이 생겼는데 그 사건을 제주 4·3사건이라고 해요.

제주 4·3사건 진상보고서에서는 "1947년 3월 1일 경찰의 발포 사건을 기점으로 하여, 경찰과 서청(서북청년단)의 탄압에 대한 저항과 단선(단독선거), 단정(단독정부) 반대를 기치로 1948년 4월 3일 남로당, 제주도당, 무장대가 무장 봉기한 이래 1954년 9월 21일 한라산 진입이 금지되었던 지역이 전면 개방될 때까지 제주도에서 발생한 무장대와 토벌대 간의 무력 충돌과 토벌대의 진압 과정에서 수많은 주민들이 희생당한 사건"이라고 제주 4·3사건을 정의하고 있어요.

진상보고서에서 보면 3월 1일 발포 사건을 기점으로 했다고 하는데 왜 삼일절에 총성이 울렸을까요? 1947년 3월 1일은 제28주년 3·1절 제주도 대회로 제주도민 28만 명 중 약 3만 명이 모인 거대한 행사가 제주읍 북국민학교에서 개최되었어요. 3·1절 행사가 오후 2시에 끝나자 군중들은 "3·1정신을 계승하여 외세를 물리치고 조국의 자주통일 민주 국가를 세우자."라며 가두시위에 나섰지요. 이때 관덕정 부근에 있던 기마경찰의 말발굽에 어린아이가 치여 다치게 되었는데 기마경찰이 다친 아이를 그대로 두고 지나갔어요. 이에 시위에 참석한 군중들이 항의하며 사과와 책임을 요구했으나 오히려 무장경찰은 군중들을 향해 총을 쏜 거예요. 경찰의 발포로 주민 6명이 희생되었고, 이 사건이 기폭제가 되어 제주 사회가 들끓었어요. 제주 4·3의 도화선이라 불리는 '3·1사건'은 이렇게 시작되었어요.

  3·1사건에 항의하며 3월 10일 제주도청을 시작으로 관공서, 민간 기업 등에서 95%의 제주도민이 참석하는 민·관 합동 총파업이 시

제주4·3평화공원

작됐어요. 3·1사건과 3·10총파업을 거치면서 경찰과 서북청년회 등에서 남로당, 제주도당, 무장대를 향한 체포, 구금, 취조가 계속되었지요.

다음 해인 1948년 4월 3일 새벽 2시. 350명의 무장대가 12개 지서와 우익 단체들을 공격하면서 무장봉기가 시작됐어요. 이들 무장대는 경찰과 서북청년단의 탄압 중지와 단독선거, 단독정부 반대, 통일 정부 수립 촉구를 했으나 미군정은 초기에 이를 '치안상황'으로 간주하고 경찰과 서북청년회를 통해 사태를 막고자 했어요. 그러나 사태가 수습되지 않자 주한 미군 사령관 하지 중장과 군정장관 딘 소장은 경비대에 진압 작전 출동 명령을 내렸어요.

그 후 5·10 총선거를 앞두고 4월 28일 미군정과 무장대와의 평화

제주4·3평화공원

협상이 이루어졌어요. 그러나 평화협상 체결 후, 5월 1일 우익청년단이 제주읍 오라리 마을을 방화하는 '오라리 방화사건'이 벌어졌어요. 미군정은 '오라리 방화사건' 이후 평화적 해결 대신 무력에 의한 강도 높은 진압 작전을 폈지요. 5·10 총선거에서 과반수 미달로 제주도 2개 선거구가 무효 처리되자 미군정은 이를 남한만의 단독정부 수립을 저해하는 불순세력의 음모로 판단했어요. 미군정은 무리한 검거 작전을 감행하며 6·23 재선거를 시도했으나, 그마저도 실패하자 충격을 받았어요. 미군정은 다시 제주도에 대한 강경 토벌 작전을 실시했고, 제주도민들이 집단 희생되는 극단적인 상황으로 치닫게 되었지요. 1948년 8월 15일 대한민국 정부가 수립된 후 정부는 제주도 사태를 진압하기 위해 군 병력을 동원하여 대대적인 강경 토벌 작전을 펼쳤어요. 10월 11일 제주도에 경비사령부를 설치하고 해안에서 5km 이상 들어간 중산간 지대를 통행하는 자는 폭도로 간주해 총살하겠다는 포고문이 발표됐고 이때부터 군경토벌대는 중산간 마을에 불을 지르고 주민들을 집단으로 살생하기 시작했어요.

기나긴 수난의 세월을 보내고 1954년 9월 21일 한라산 금족지역이 전면 개방되면서 1947년 3·1절 발포 사건과 1948년 4·3 무장봉기로 촉발되었던 제주 4·3사건은 막을 내리게 되었어요. 하지만 무장대와 토벌대 간의 충돌과 진압 과정에서 2만 5,000~3만 명의 주민들이 희생되게 되었지요.

  세계적인 냉전 상황과 한반도 분단 체제의 고착화되는 과정에서 전개된 제주 4·3사건은 반세기를 지나면서 진상 규명 운동 과정을 거쳐 명예 회복을 통한 화해와 상생의 과정을 밟고 있어요. 그리고 제주 4·3사건 희생자들과 유족들의 아픈 마음을 기리기 위해 제주 4·3평화공원을 만들었어요. 제주4·3평화공원은 제주 4·3사건의 희생자와 유가족의 명예 회복 및 화해와 상생의 미래를 열어가기 위한 평화, 인권 기념 공원으로 2003년에 조성하기 시작하여 2008년 3월 개관되었어요. 제주4·3평화공원은 위령제단, 위패봉안실, 제주 4·3평화기념관 등으로 구성되어 있어요.

올록볼록 솟아난 제주의 상징 오름

  "우리 비행기는 곧 제주국제공항에 착륙하겠습니다. 모두 안전벨트를 매 주세요."라는 방송이 들릴 즈음 창밖으로 내려다 보면 제주도에는 많고 많은 산봉우리들이 보여요. 제주도에서 통용되는 순우리말로 오름이라고 해요. 제주도에는 약 368개의 오름이 있다고 해요. 오름은 낮은 언덕 같은 나지막한 봉우리라 남녀노소 올라가기 좋아요. 대부분의 오름은 올라가는 길목마다 큰 나무들로 숲을 이루고 있고, 오름을 감싸고 있는 둘레길 또는 정상으로 바로 올라갈 수 있는 길로 되어 있어서 시간과 상황에 맞게 선택하여 오름을 느끼면 됩니다. 오름의 정상에 서면 한라산과 가까워진 오름, 검푸른 바다가 시원하게 보이는 오름 등 다양한 오름이 있어요. 이 많은 오름 중 제주도를 대표하는 2개의 오름을 소개할게요.

거문오름

해발 456m(둘레 4,551m)의 거문오름은 숲이 우거져 검게 보여 거

거문오름

문오름이라는 이름이 지어졌어요. 제주도 오름 중 유일하게 유네스코 세계자연유산에 등재되었는데, 이는 거문오름에서 흘러나온 용암류가 경사를 따라 북동쪽 해안가까지 흘러가면서 지질학적 가치가 높은 화산 지형과 용암동굴을 만들어 냈기 때문이지요.

학술 조사에 따르면 거문오름 주변에 발달한 동굴의 규모는 용암동굴로서는 세계적인 수준인 것으로 확인되었어요. 거문오름은 북동쪽 산사면이 터진 말굽형 분석구의 형태를 띠고 있으며, 정상에 오르면 화산의 분화구가 한눈에 보이고, 분화구 안에는 낮게 솟아오른 작은 봉우리들이 있어요. 주변에는 용암동굴을 비롯하여 용암함몰구, 수직동굴, 바람구멍 등 다양하게 발달한 화산 지형들을 관찰할 수 있어요. 그 밖에 일본군의 태평양 전쟁 때의 군사 시설도 발견되었어요.

새별오름

해발 519m의 새별오름은 정상에 오르면 제주도 서쪽 아름다운 해변과 비양도가 보여요. 새별오름은 저녁하늘에 샛별과 같이 외롭

새별오름

게 서 있다 해서 붙여진 이름이에요. 등성이마다 봉우리가 있고, 서쪽은 삼태기 모양으로 넓게 열려 있으며 전체적으로 풀밭을 이루고 있어요. 새별오름에서는 매년 정월대보름을 전후하여 제주도를 대표하는 축제인 들불축제가 열려요. 제주도에서는 오래전부터 농한기에 소를 방목하기 위해 묵은 풀과 해충을 없애는 불놓기 문화가 있었어요. 새별오름 들불축제는 이러한 문화를 계승한 축제로, 오름 전체가 불타오르는 모습은 장관이에요. 가을에는 억새가 만발하여 또다른 모습의 장관을 연출해요.

제주의 사계절 중 어느 때가 가장 좋으냐고 묻는 분들이 많아요. 제주는 사계절 내내 좋아요.
"트망® 내서 제주옵서예."

트망은 제주 방언으로 시간과 공간의 사이, 틈을 뜻합니다. '시간 내서 제주에 오세요'라는 말입니다.

참고 문헌 및 자료

강원 원주 편
원주시청(www.wonju.go.kr) / 토지문학공원(www.wonju.go.kr/tojipark)

전남 순천 편
《왜성 재발견》, 신동명, 최상원, 김영동, 산지니 / 《눈물이 나면 기차를 타라》, 정호승, 창비
〈전라도의 혼 – 순천왜성 전투와 정왜기공도권(상)〉, 순천신문, 2022.01.18.
〈전라도의 혼 – 순천왜성 전투와 노량해전(하)〉, 순천신문, 2022.01.18.
태고총림 선암사 홈페이지(www.seonamsa.net) / 순천시청 홈페이지(www.suncheon.go.kr)

경기 수원 편
《정조의 꿈이 담긴 조선 최초의 신도시 수원 화성》, 김준혁, 주니어김영사
문화재청(www.cha.go.kr) / 수원문화재단(www.swcf.or.kr)
한국민족문화대백과사전(encykorea.aks.ac.kr)

전북 군산 편
《왜 우리는 군산에 가는가》, 강석훈 외, 글누림 / 《군산 100년을 보다》, 김원용, 전북대학교출판문화원
《늬들이 군산을 알아?》, 김병윤, 감미사 / 《군산》, 배지영, 21세기북스
지역N문화(www.nculture.org/man/main.do)

인천 차이나타운 편
인천광역시 중구(www.icjg.go.kr)

제주 편
《나의 문화 유산 답사기-제주편》, 유홍준, 창비 / 《세계자연유산 제주》, 박범준, 비틀북스
《제주 4·3을 묻는 너에게》, 허영선, 제주 4·3사건 진상보고서
비짓제주(www.visitjeju.net) / 제주특별자치도(www.jeju.go.kr)
김만덕기념관(www.mandukmuseum.or.kr)

사진 출처

셔터스톡(www.shutterstock.com)
32, 36, 115, 217

공공누리(www.kogl.or.kr)
10, 12~13, 14, 17, 18, 19, 23, 25, 64, 66~67, 74, 75, 76, 78, 79, 80, 116, 124, 127,
132, 135, 140, 146, 147, 148, 167p,168, 171, 191, 200, 201, 205, 209, 221

공공누리(www.cha.go.kr 문화재청)
94, 96~97, 101, 102, 107, 151, 160, 198~199

공공누리(royal.cha.go.kr 궁능유적본부)
109, 162

국립중앙박물관
72, 84, 85, 86, 99

선암사 홈페이지
51